풍경을 든 손

임연규 유고시집

정문사

일러두기

· 이 책은 작가 사후 유가족과 협의를 거쳐 출간하는 유고집으로, 작가가 생전 집필한 원고를 정리하여 편집하였습니다.
· 작가 사후 출간이 결정되어 편집 과정에서의 개고가 불가하기에, 맞춤법과 외래어 표기는 작가의 의도를 살리되 표준국어대사전을 따랐고, 일부 관례로 굳어진 것은 예외로 두었습니다.
· 2부에 실린 작품은 작가가 수도승들의 동안거(冬安居) 구십 일 동안 스스로는 시안거(詩安居)에 들어가 쓴 육십갑자의 시로, 시의 끝에는 시의 순서와 시를 쓴 날짜를 기재하였습니다.

임연규 유고시집

풍경을 든 손

펴낸날 2023. 9. 19.

지은이 임연규
펴낸이 이정문
펴낸곳 인쇄출판 정문사
등록번호 제1998-000001호
주소 충북 충주시 교동1길 15-22
전화 043-847-9201
대표메일 jmpr9201@hanmail.net

ⓒ 임연규, 2023.

ISBN 979-11-93053-09-6 03810

※ 이 책은 충주시, 충주중원문화재단의 후원으로 발간되었습니다.

🪶 유고집 발간사

바람에 흔들려도 꽃을 피웠던 시인

아직도 퇴근 무렵이 되면 불쑥 사무실 문을 열고 들어서며 "이 형 뭐 혀…"하는 낯익은 음성이 들려올 것만 같다.

'죽은 사람이 생전에 써서 남긴 시들을 모아 엮은 책'이 유고시집의 사전적 의미이다. 이미 윤동주, 이육사, 박경리, 이오덕 시인들의 유고시집이 사후에 널리 읽히고 있으며, 무엇보다 요절한 기형도 시인의 '입 속의 검은 잎' 맨 마지막 페이지에 배치한 '엄마 걱정'을 읽노라면 생전 임 시인의 시풍詩風을 만나 보는 듯하다.

열무 삼십 단을 이고
시장에 간 우리 엄마
안 오시네, 해는 시든 지 오래
나는 찬밥처럼 방에 담겨
아무리 천천히 숙제를 해도
엄마 안 오시네,

- 하략 -

한때 동가식서가숙東家食西家宿하던 자신을 스스로 찬밥 신세라 하던 천상시인 임연규!

그를 생각하며 발간사를 쓰자니 다시 가슴이 먹먹해 온다. 어찌 몇 줄 글로 신산辛酸한 세상길, 밤 뻐꾸기처럼 울다 간 그의 시상詩想과 행적行蹟을 담아낼 수 있으랴.

갑작스레 불치의 병이 깊어진 지난해 봄날, 피골이 상접했어도 아주 정신이 혼미하기 전 "시집을 한 권 내야 할 텐데…" 하고 중얼거린 걸 그저 곁말로 들었는데 급기야 불귀의 객이 될 줄을….

평소 임 시인의 자녀들과 가족을 잘 알고 지낸 터라 장례를 치르며 고인의 소원대로 유고시집 발간을 지원하겠다는 약속과, 허물없이 함께했던 지인 몇 분, 그리고 청주까지 조문을 다녀간 조길형 충주시장님의 "시인이 좋은 시 남기고 가면 잘 살고 가는 거지요."하며 관심을 가져 주시고, 충주중원문화재단의 후원에 힘입어 시집 발간이 가능해졌다.

별도의 추진위원회 구성없이 이런 취지가 주변에 전해지자, 채들고미숙 불교신문 편집인이 한 권 분량의 미발표 詩를 정리하여 보내왔고, 문학단체 회원들과 충북시협 회원들에게 카톡으로 보내졌던 수십 편의 詩들과 수필이 모아졌다.

임 시인의 마지막 다섯 번째 시집 제목이 '아니오신듯다녀가소서' 이다. 어느 사찰 느티나무 앞 담장에 흘림체로 서각한 유려한 경구를 바라보며 자신의 미래 생을 예견이라도 하듯 제목을 그리 정한 것은 아닐는지 마음이 아리다.

임 시인은 1995년 여름 '사람과 詩' 詩전문동인지(회장 최종진) 결성과 동시 뜻을 같이한 문우들과 28년의 세월을 동고동락하였다.

지금쯤 평소 그가 소원하던 나무보살 되어 하늘을 바라보며 절창 장사익의 찔레꽃을 부르고 있으리라 생각한다.

끝으로 유고시집 발간을 위하여 도움 주신 모든 분들께 감사드리며 이 한 권의 책이 바람에 흔들려도 꽃을 피웠던 곤고한 삶 속의 임 시인 시 세계를 재조명해 보는 추억 속 흑백사진이자 명함이 되길 기원해 본다.

사람과 詩 동인회장 **이 정 문**

임연규 시인의 메모에서.

회향
懷鄕

  칠월 칠석이 가까워진 유월 그믐날 새벽, 호암지에 나와서 검은 물속에 눈을 감지 않고 잔다는 물고기를 생각합니다.
  우리가 산사에 가면 전각의 추녀 끝에 높은 허공에 '뎅그렁' 바람 따라 흔들리는 맑은 풍경 소리가 세속에 찌든 귀를 맑혀줍니다.
  스님들이 세속의 인연을 끊고 출가하여 도를 이루고 깨달음을 이루어 성불하려면 게으름에 빠지지 말고 눈뜨고 잠드는 물고기처럼 정진하라는 상징으로 풍경 끝에 물고기를 달아 놓았습니다.
  지금 불빛에 은은한 저 수면아래 물고기도 눈을 뜨고 깊은 잠들었습니다.
  어릴 적 한밤중 친구들과 횃불을 들고 앞개울에 나가 고기 잡을 때 잠든 고기들의 둔한 움직임에 쉽게 고기를 잡던 추억을 기억합니다.
  '내가 힘들 때 유일한 안식처는 당신뿐입니다.'
  어린왕자의 작가 생떽쥐베리가 남긴 말입니다.
  그는 마더 콤플렉스가 있어 그의 삶에서 로맨스뿐만 아니라 작품에서도 서정적이고 동화 같은 문장으로 많은 작품을 남겼습니다.

나는 이 무형식의 엽전글을 시작하면서 이 문장을 가슴에 안았습니다.
　인간이 언젠가는 돌아가서 저 하늘의 별이 된다는 안식처로 희망을 이어왔습니다.
　우리 모두 우주의 작은 별로 지구에 소풍 나온 별이라는 즐거운 상상을 합니다.
　그 소풍 끝내고 다시 저 하늘에 별로 돌아간다고 생각하면 생사의 괴로움에서 좀 홀가분해지지 않겠나 싶습니다.
　생사의 오고 감은 전혀 우리의 뜻하고는 관계없이 허망하기 이를 데 없습니다.
　어제는 육십 년 지구의 별에서 이제 천상의 별로 옮겨간 도반 같은 후배를 보내고 적막한 장례식장에서 밤새우고 돌아와 대낮에 작달비 지나간 것도 모르고 잠들었습니다.
　호암지에 나오니 빗물이 씻어간 하늘에 유난히 별이 많이 나왔습니다.
　저 별을 좇아 덩달아 핀 달맞이꽃이 환합니다.
　내가 힘들 때 유일한 안식처는 당신이라는 저 무수한 하늘의 별입니다.
　생텍쥐페리도 그렇게 우주 속으로 사라져 지구별을 찾은 어린왕자에서 이제는 무한한 우주의 별로 여행하고 있을 겁니다.
　저 무수한 별이 나와 눈을 맞추고 있습니다.
　사람의 눈이 별이란 걸 누구나 기억하고 있습니다.
　아기에게 눈을 맞추고 "까꿍"하면 아기의 검은 눈동자 속에 내가 거꾸로 들어가 앉아 있습니다.

그를 '눈부처'라 합니다.

지금 저 하늘의 별 속에 내가 눈부처로 들어앉은 시간입니다.

별이 나에게 "까꿍" 합니다.

여름이 가고 가을이 깊어갈 쯤에는 이곳을 떠나 새 둥지 연수동으로 옮겨 갈 것 같습니다.

연수동의 연蓮자는 내 이름자 연蓮과 같지만 풀초艸변 초두를 얹어 머리에 연꽃을(蓮) 얹고 싶은 마을입니다.

그곳에서는 연꽃의 화려함과 향기로 내게는 또 다른 의미의 생을 이어가게 될 듯합니다.

호암지에서 차곡차곡 페이지를 더한 짧은 엽전 글을 시작하며 딱히 제목 정하기가 마땅치 않아 할 때 호암지 못에 차고 기우는 달을 보며… 홀연히 한 생각.

'육십갑자로 시작하자'

짧은 글 한편 제목을 숫자 나열대신 갑자, 을축, 병인, 정묘…로 시작해 육십갑자로 회향하며 끝내자 했습니다.

그날 장날 시장에 나갔다가 우연히 할머니가 팔려고 나온 잉어를 사서 호암지에 방생했습니다.

그리고 호암지가 보이는 대로 짧은 단상의 무형식의 글을 쓰기 시작했습니다.

시간 나면 호암지에 나와 깊은 교감을 갖는 시간이 많아졌습니다.

그럴 때 일 년에 몇 번 방생했던 그 잉어가 내 앞에 모습을 보이곤 하는 것을 직감으로 알게 됐습니다.

올봄 산란기에는 그 잉어가 어린 잉어 수십 마리와 떼를 이루어 내 앞에서 신나게 놀다가 사라지는 감동을 주었습니다.

이 글 줄기를 여기까지 끌어오게 한 단면이기도 한 사계절, 호암지의 정경들입니다.

산책을 하며 무심히 스쳐간 사람, 꽃, 철새, 비와 바람과 눈, 스스로 옷을 바꾸어 입으며 묵묵히 나를 바라보았을 나무들, 하늘의 별까지…

호암지와 교감할 수 있는 물의 힘으로 덧없이 뜨겁기만 한 내 가슴을 식혀주는 고요한 여명의 새벽까지…

천삼백 년 전 신라 지증대사가 경주 안압지로 헌강 왕 앞에 초대되어 갔을 때를 묘사한 최치원의 글에서

"때는 담쟁이덩굴 앞에 바람이 불지 않고, 빈청 뜰에는 바야흐로 밤이 오는데 때마침 달그림자가 연못 복판에 단정히 임하였다."

대사는 고개 숙여 조용히 이 정경을 바라보더니 왕에게 하는 말이

"이것이 이것이니 그 나머지는 할 말이 없습니다."

그 말을 듣고 왕은 크게 기뻐했고 왕사로 모셨다. 하는 글을 기억합니다.

새벽 이 글 줄기를 홀가분하게 놓습니다.

지금껏, 호암지는 언제나

이것이 이것이니…

이 글 속에 앉은 하나하나의 정경이 나를 부른 왕들이었으니…

신축년 유월 그믐 새벽 호암지는 고요합니다.

차례

발간사 / 3
회향 / 6

1.
풍경을 든 손

첫눈 / 16
가마솥에 / 17
가을 손님 / 18
무거운 손님 / 19
풍경을 든 손 / 20
나무가 아 뺐다 / 21
어제 일처럼 / 22
그러니까 / 23
새벽 손님을 기다리는 그대에게 / 24
별똥 마지기 / 25
사월 초파일 / 26
일 없는 아침에 / 27
天上에서 쓰는 詩 / 28
눈길 / 30
구두 / 31
나는 / 32

성도재일 / 33
동태凍太 / 34
2월 3일 / 35
과일 / 36
참외꽃 / 37
무량수전에서 / 38
임대주택 / 39
난 괜찮아요 / 40
오일장 / 41
냉이 / 42
저절로 / 43
오늘도 걷는다 / 44
이… 뭣고! / 45
정동진 눈꽃에게 / 46
봄이다 / 47
봄비 / 48

자귀나무 / 49

초여드레 달 / 50

연상의 여인 / 51

저녁나절 / 52

눈꽃 질 때 / 53

새를 묻고 / 54

수선修禪폭포 / 55

인도 / 56

2월 초하루 / 58

꽃 필 때 / 59

버드나무 / 60

콩나물 / 61

감 2 / 62

참 / 63

꽃들은 기억을 갖고 핀다 / 64

가로수 / 65

하염없읍시다 / 66

성남 모란장에서 / 67

동막골 / 68

수마노탑 / 70

망촛대 / 71

새벽 / 72

깜박 / 73

11월 / 75

자정 무렵 / 76

하로동선夏爐冬扇 / 77

주저 물러앉다 / 78

2.
회향

시詩 - 甲子 / 80

끼 - 乙丑 / 81

몸 - 丙寅 / 83

살殺 - 丁卯 / 84

실 - 戊辰 / 85

못 - 己巳 / 87

더 - 庚午 / 88

풀 - 辛未 / 89

네 - 壬申 / 91

잎 - 癸酉 / 92

산 - 甲戌 / 93

별 - 乙亥 / 95

콩 - 丙子 / 96

흑黑 - 丁丑 / 99

벽 - 戊寅 / 101
잠 - 己卯 / 103
밥 - 庚辰 / 104
소 - 辛巳 / 105
앎 - 壬午 / 107
12.12 - 癸未 / 108
원圓 - 甲申 / 110
대代 - 乙酉 / 111
업業 - 丙戌 / 114
절拜 - 丁亥 / 117
일 - 戊子 / 122
책 - 己丑 / 123
죽 - 庚寅 / 124
탈 - 辛卯 / 125
참! - 壬辰 / 126
짐朕 - 癸巳 / 127
쉼休 - 甲午 / 129
접蝶 - 乙未 / 131
시時 - 丙申 / 132
옷 - 丁酉 / 133
심心 - 戊戌 / 134
문門 - 己亥 / 136
젖 - 庚子 / 138
가 - 辛丑 / 139

신 - 壬寅 / 140
'쌍!' Sang - 癸卯 / 142
책 - 甲辰 / 143
돌石 - 乙巳 / 144
감柿 - 丙午 / 145
생生 - 丁未 / 146
자自 - 戊申 / 148
정釘 - 己酉 / 149
저著 - 庚戌 / 151
손手 - 辛亥 / 152
비非 - 壬子 / 153
눈眼 - 癸丑 / 154
툭! - 甲寅 / 155
눈雪 - 乙卯 / 156
상喪 - 丙辰 / 157
법法 - 丁巳 / 159
고古 - 戊午 / 161
화畵 - 己未 / 163
뜻 - 庚申 / 165
봄 - 辛酉 / 166
달 - 壬戌 / 167
역驛 - 癸亥 / 168
잘 - 甲子 / 170

3.
나비가 찾아와서

같이 / 176
지금 / 177
나비 / 178
참회나무 / 179
불두화 / 180
입동立冬 / 181
문 닫습니다 / 182
나두 / 183
홍시 / 184
행선行禪 / 185
꽃무릇 / 187
절 2 / 188
고추잠자리 / 190
강아지풀 / 191
저 짓 / 192
민채야! / 193
나비가 찾아와서 / 194
밤꽃 필 때 / 195
어머니 왈曰 / 196
떼쓰시는구나! / 197
4월 30일 / 198
보름 새벽 / 199
제비, 집 / 200

벚나무 / 202
목련, 비 / 203
목련에게 / 204
헌책방에서 / 205
오월 초하루, 하지夏至 / 206
적당히 / 207
가문비나무 / 208
옹달샘 / 210
까치꽃 / 211
와蛙, 선생에게 / 212
봄바람 / 213
우수雨水 / 214
괜찮니? / 215
목어木魚 / 216
착한 인연 / 217
구색具色 / 218
첫 닭이 울어 / 219
나이 먹은 비 / 220
애기 단풍 / 221
도방하都放下 / 222
그 자리 / 223
매미에게 답을 쓰다 / 224
그냥 사는 거다 / 226

콩 살림하라 / 228

왕족발 / 230

心심 / 231

코로나 / 232

죽도암 / 233

꼭 / 234

4.
구름밭을 지나며

찔레꽃 10 / 236

정직한 고을 의성 마늘 밭에서 / 241

지금 2 / 247

무차별 / 253

11월 1일은 詩의 날 / 255

그날, 12.12. / 258

인아人我 / 265

하로동선夏爐冬扇 / 268

나이떡 / 271

24190일 / 275

24172일 / 279

心 2 / 286

자작나무를 심다 / 288

구름밭을 지나며 / 291

날궂이 / 295

사불산四佛山 / 297

흰 고무신 신고… / 299

열무 / 302

일본 호사이의 하이쿠 시 한 수 / 304

인아人我 2 / 307

흙밥 / 310

계란 / 312

추분秋分에 들다 / 316

은행나무 / 318

꽃을 사들고 / 321

환가여손患家餘孫 / 325

망령 같은 일상 / 327

1.
풍경을 든 손

첫눈

참 잘 오셨네!
뭔가를 꼭 결정해야 할 때
내 생각을 헤아리실까?
묻고 싶은 벗이
숫눈 밟고 오실까

창가에서 까치발 들고
기다리는
사람 같이
오시는
첫눈

가마솥에

동짓날 산사에서
대중공양으로 팥죽을 끓이려
가마솥 깨끗이 닦아
맑은 물 가득 담아 놓았더니

철 잃은 낙엽이 어디선가 찾아오셔
가마솥에 떠 있는
낮달을 타고 있습디다

가을 손님

할머니가 빈 유모차를 지팡이 삼아 밀고 가며
은행나무 가로수 밑을 힘겹게 지나고 있다

가으네 낙엽은 그네를 타다
이내 빈 그네를 허공에 두고 가는 아이처럼
나뭇잎은 할머니의 빈 유모차로 바람결에
자꾸만 내려와 앉았다

파란 하늘 흔들리며 찾아오는
저 아득한 고사리손 흔드는
유년의 나

어디로 모시고 갈 손님들일까?

무거운 손님

밤새 진눈깨비가 내리고 있다

소나무 홀로 밤새 찾아오시는 손님을 받고 있다

저 털어버리지 못하는 욕심이 화를 부르고 있다

그날 밤 검은 산 깊은 계곡의 소나무들이
천둥 벼락같이 무너지며 산이 울었다

달마 스님에게 팔을 잘라 던진 혜가 스님처럼
소나무도 눈 위에 팔을 잘라 던졌다

무거운 손님이
소나무를 해탈시켰다

풍경을 든 손

짧은 겨울 파장에
고등어를 흥정하다
에누리 없이 해는 저물고

손을 터는 여인의 손에
풍경처럼
뎅그랑 뎅그랑

흔들리는
고등어 한 손

나무가 아 뱄다

미국에서 박사가 되어 교수로 있는 친구에게 물었다

우리가 해 저물어 바람같이 휙 돌아서 나온
영주 부석사 말이다

그 무량수전 기둥이 배흘림기둥이라 하는데
미국말로 배흘림기둥을 뭐라고 하나?

……

우리 엄마들 아 뱄을 때
그 삼삼하게 시나브로 불러오는 배 아니가

나무가 아 뱄다 아니가

어제 일처럼

고향 가는 산등성이에 어느 문중의 궂은일일까
쳐진 천막이 비바람에 위태하고
상주가 쓴 건(巾)도 누웠다

산역을 하는 사람들은
비에 젖은 장닭처럼 웅크리고

검은 하늘 아래
굴착기 혼자 진창으로 뭉그러지는 흙으로
봉분을 쌓으며

우주에 부질없는 새

'혹' 하나
붙이고 있습니다

그러니까

시방 소설小雪 무렵
달래강이 살얼음 깔며 홀로 시름에 깊다

한철 낚시로 생계를 하시는 늙은 어부가
이제 한철 낚시터를 떠나야 할 때

"이제 뭐 하시며……"

그러니까

어젯밤에는 초승달이 낚시에 걸려서 애먹이더니
한밤중에는 날아가는 기러기가 낚시에 걸려서

그러니까,

그 소리를 들은 된서리 맞은 함초롬한 국화가

쿡!
향기로 고개를 떨어뜨렸습니다

새벽 손님을 기다리는 그대에게

아직은 당신에게 손님이 되어드리지 못함을 용서하라
어디서 배우셨을까?

산사의 가난한 채마전에
씨줄 날줄로
그 난해한 기호학을 응용해서

밤새 간단히 집 한 채 짓고
새벽부터 손님을 기다리는 거미
운수 사나운 놈 지나갈 누군가를 기다리는

바람의 길
어느 날 어쩔 수 없이
바람도 걸리는 세월이 오면

내 우주의 큰 손님으로 돌아가리라

별똥 마지기

구순이신 재종 할아버지께 세배를 드리러 갔습니다
"재야, 별똥 마지기 고조부 산소 있지 않니. 올해는 사초 좀 해야겠다."
"별똥 마지기, 어디를 말씀하시는가요?"
"저 화산 너머 고조할아버지 산소 있지 않니, 그 산소 가에 붙어 있는 쬐끄만 논 별똥 마지기라 그런다."

여름밤이면 별똥이 엄청나게 떨어졌다
나도 어릴 때 별똥 주우러 그 논에 여러 번 갔었다

사월 초파일

절하고 절하라
'절'
절하지 않고 사는 생명은 하나도 없었네
나무와 풀은 바람을 빌려 서로에게
절하고

새와 짐승은 목을 축일 때 물속에
제 그림자에 절하고

꽃은 해와 달과 별에게 방긋 눈웃음
절을 하고

초파일 날 세상에 등을 밝혀
우리에게 낮게 절하라 하네

일 없는 아침에

니체의 탄식처럼
"언제나 나는 나의 입이 노래하면
나의 귀가 들을 뿐이로다."

처절한 고독의 표현
깊은 산에서 홀로 정진하는
선객의 서늘한 결기를 보는 듯

오늘은
하늘이 부서져 내릴 듯 맑으네

겨울 산은 가난하나 설산의
결기로 견디어 가고

글도 마음도 게으른 거북이걸음인데
세월은 토끼뜀이네

천자문 한 대목처럼
'추수동장秋收冬藏'

天上에서 쓰는 詩

폭설로 하늘길도 미루어진
비행기에 쌓인 눈 치우느라
연착되는 비행기에 갇혀서
큰 누님은 비행기 안이 징역살이란다

그러고 보니 우리는 이제
같은 운명을 타고
하늘로 잠시 유폐될 차례를
기다리고 있는 것이다

이륙한 비행기에서 내려다보는 산하가
마치 맑은 어항 속을 내려다보고 있는 듯하다

그러니 일생 우리의 일상을
하늘은 날마다 내려다보았을 것이다

사람으로 와서 두 발로
땅을 딛고 살아간다는 게
착하게 살고 갈 시간

천상의 구름에 앉아 낙서나
할 일이 아니다

눈길

하느님은
모든 일을 하늘이 다 할 수 없어
엄마를 대신 보냈다 한다

코흘리개 시절
크리스마스 날
들녘을 가로질러
일 년에 한 번
이웃 마을 교회에 갔었다

사탕, 튀밥, 떡…
공짜로 배부르던 날
매서운 바람과 별

사박사박
귀에 밝히는 눈
엄마를 만나고 돌아오는
눈길이었다

구두

경주 남산 칠불암 부처님 마당에서
한 소식 눈앞에 펼쳐진 화엄경
천년 고도에 솔바람이 유연한 능선을 바라본다

남산 봄의 누드화는 벗은 몸을 그리는 것이 아니라
벗은 몸의 시선을 그리는 것 아닐까
저 천년의 숲에 홀로 정진하는 부처님
당신이 물결치면 나는 흔들린다

고흐의 그림 '구두'의 정물화
그 깊은 울림이 있는 낡은 나이
그 구두의 주인공 삶이 궁금해하며
노독에서 나도 내 발을 내려다본다

오늘은 무엇을 하러 여기에 오른 것인가?
내가 내 눈썹을 보지 못하고 살면서

나는

오늘도
참새처럼
종종종
부르튼 발로 돌아와
운동화 끈을 풀었다
좀스럽고 어질러진
내 발자국을 지우고 갈
코끼리를

성도재일

點心 때
보리밥 먹자 하니
친구 왈曰
언제
보리菩提를 이루겠느냐
타박이다

동태凍太

졸지에
허공으로
몸이 솟구쳐
악다구니 속에
첨으로 본
그때
파란 하늘을
눈 부릅뜨고
붙잡고 있는
동태

2월 3일

소설 부활의 시작은
'봄이 왔습니다'로 시작된다
베토벤 교향곡 제5번 운명은
처음부터 하늘과 땅을 후려치는
우렛소리로 유장하게 바다로 흐르는 장강의 여운이 있다
화가 밀레의 화폭에 보일 듯 말 듯 진폭하는
지평 한 줄기 부드러운 끝을 한 번은 나도
고향 들녘처럼 가기로 하겠는데…
살아갈수록 생각이 넘나드는 구름 같은 우울만 밀리고 있다
음성장에서 고향을 지나는 버스를 타고 들녘에 내렸다
장자처럼 천지를 베개 삼고 내리는 눈을
이불 삼아 누워 세상을 종언해도 그뿐일
빈한한 겨울 속 섭생하는 인간의 수양으로
2월 3일
인고의 선상에서 숙명처럼
우리의 만남을 주선한 날
태동은 어디서부터 온 것일까?

과일

이마트에서 진열된
과일들이
"나 어때" 어깨를 으쓱이듯
각자 떠나온 고향의 이름을 달고 있다
수십 리에서 수백 리 수천 리 타국에서
온 과일
그래서 과일過日인 것일까?
저들은 스스로 지나온
해와 달과 별과
비와 바람을 기억할까

참외꽃

어젯밤 꿈속에 어머니가 모내기하는 들녘에 나오셔서 참외 하나 깎아주고 가셨습니다. 그리고 보니 생전에 과수원 구석에 덩굴로 노랗게 꽃피던 참외가 익으면 아버지 드리려 덩굴로 숨겨 놓은 그 참외를 맛나게 따서 까먹던 나를 보고
"참외 다 익었나?"
나는 아무 생각 없이
"참외가 참 잘 익었습니다."

그 뒤로도 노랗게 핀 참외꽃을 헤아리며 나는 다람쥐 도토리 물어 나르듯 참외는 내 차지였다

어머니 이제 세상은 달지도 쓰지도 않은 코끝에 참외 향기로만 흰머리에 참외꽃 피고 당신 기일에 참외 하나 올리고 가슴속에 앉힙니다

무량수전에서

일생 옷 한 벌 바느질하지 않고 살며 강산에 부끄럽지 않았음이 부끄럽네

화려한 단청을 끝낸 대웅전 처마를 올려다보며 우리나라 강산의 봄 여름 가을 겨울 네 벌의 옷을 상상한다

나노의 우주에 용이 오르고 학이 내려앉고 할아버지의 긴 담뱃대에 아스라한 연기구름이 산다

法에 머무르지 말라 하셔도
나는 완전한 깨달음 얻을 수 없으니 차라리 번뇌에 살 수밖에 없는 사람입니다

임대주택

저 산
뻐꾸기
울어
여름이 왔구나

천상에서 받은
탁란의
業

타인의 둥지에서
밤톨 같은
내 새끼야

미안쿠나

난 괜찮아요

들꽃이라
하여
가난한
꽃 있나요?

오일장

우리 민족에게 가장 가난했던 말

"쌀 사러 가면서도 쌀 팔러 간다."
하시던 장날

이 땅의 어느 고을에서나
새벽닭 울듯

민족과 함께
영원히 살아갈 순환의

오일장
1.6, 2.7, 3.8, 4.9,
5.10

냉이

무술년 입춘 지나고 설날
봄이 산모퉁이에서 서성거린다
설날 홀로 고향 들녘에서
빈손이라도 괜찮을 냉이를 찾고 있다
삼삼한 기억의 저 언덕 어디쯤에
서 있었던 키 큰 미루나무
산등성이에 기대어 정겹게
백두에서 한라까지
무너지지 않은 어깨동무로
길을 이은
논두렁, 밭두렁
이맘때 아버지와 함께 성애로 들뜬 보리밭을 밟았다
2월의 쓸쓸한 들녘을 닮은 가난했던
박수근 화가
나무와 여인, 빨래터, 아기 보는 소녀
그의 그림을 들녘에 걸어 놓고
쑥대머리 유장한 가락을 얹어
냉이가 움켜쥐고 있는
이월의 들녘
게으른 버들강아지 눈을 깨워본다

저절로

겨울 정선강
거친 골바람
자꾸 머리를 세우네

까마득한 절벽을 좌복삼아
하늘로 면벽한
소나무

스스로 지은 절
'저절로'
하늘 면벽 허물어질까

바람에 잠시 오금 펴는
소나무 보겠네

오늘도 걷는다

오늘도 걷는다

길 위에서 완전한 내가 되어 두 발을 믿고 걷는다

이월의 들녘 모시래뜰은 어머니의 누렇게 물든 무채색 광목 앞치마 같다

우수 지난 들녘에 배고픈 까마귀가 볏짚을 헤집고 있다

어찌 된 주검일까?

에라 모르겠다

논두렁에 길냥이의 경이로운 주검을 만났다

마치 툇마루 따스한 봄볕에서 졸다 안 깨어나면 그뿐인 노인의 임종처럼, 상처 하나 없이 논두렁을 베고 모로 누운 주검을 가난한 봄볕이 조문하고 있다

시난고난한 이승의 길에서 별을 찾던 눈을 꼭 감고 어쩌다 이 허허로운 들판에서 주검을 맞이했을까?

나도 빈손에 어쩌지 못하고 축원을 하고 있다

'생사 없는 곳으로 돌아갔으니 다음 생에는 사람들에게 뒤통수만 봐도 예쁜 몸으로 오소서'

길고양이에게 길이란 게 졸다가 담장 밑에서 새벽닭 우는 소리 듣는 것이리

나는 오늘도 걷는다

이… 뭣고!

지난 가을밤

늦은 귀갓길

밤나무 밑을 지나다

알밤 한 톨이

툭 떨어지며

제 머리를 때렸습니다

화들짝 놀라

그 밤을 주워서

집으로 돌아와

신주님 같이 모셨습니다

우주에 70억 인구가 공존하는데

이렇게 기이하게 만날 수 있는가요

그 밤과

가을 겨울

참 잘 놀았습니다.

신 새벽 깨어서

그 밤과

이…뭣고!

정동진 눈꽃에게

억년에 한번 지상에
눈으로 오시는 임이
바다 위 수평선에
아슬한 춤사위가 서럽다

갈매기 날개라도 붙잡을까나
어쩔거나
삼천궁녀가 치마를 뒤집어쓰고
일제히 눈 감고 뛰어내리듯

바다로
순간을 오셨다 가시는
저 임들을 어찌하랴

봄이다

태백산을 오르다

설해 목으로 쓰러진 소나무가

천연덕스럽게

어머니 무릎을 베고 잠든 아기처럼

참나무에 기대어 있다

솔잎은 빛바래 가고

물먹은 참나무는 혼 같은 촉을 낸다

봄이다

그저 바라봄이다

볕은 고요한데

제일 먼저 핀 생강꽃과

앞으로 무수히 많은

꽃들과 새와 짐승들이

조문을 다녀갈 테고

그걸 참나무는 무심히 바라보는

봄이다

봄비

그저 함께 맞이해야 할 손님
봄비
마당의 병아리 발자국을 지우고
묵은 시래기를 삶는 부엌에서
빠져나온 연기가 마당에 깔린다

온종일 내 등을 두드리는
우주와 함께 맞은 봄비
꽃 진 자리에 오지 않을 사람을 기다리는
느티나무가 으슬한 추위로 몸을 흔든다

그 어떤 비바람도 내 기다림을 뿌리 뽑지 못할 거야
이제껏 살아가는 동안 끊임없이 강물이 흘러오고 흘러갔듯이
지금 내리는 봄비는 기다림의 꽃 진 자리에
멍이 든 상처를 닦아주는…

그저 온 우주와 함께 맞이해야 할
손님일 거야

자귀나무

꽃은
惡인가
善인가
시是인가?
비非인가?

초복 날
염천의 하늘에 붉은 태양이
달궈진 몸을 서산에 숨길 때
마주 선 잎들이 합궁하는
야합수夜合樹

저 사랑에 귀신도 빠져
선과 악의 시비가 무용한
뜨거운 자귀나무
화려한 꽃

초여드레 달

어중간하게 살자
찰 수도 있고
기울 수도 있고
저 달
밝기도 하고
어스름하기도 하고
어중간하니 좋다
달을 쫓아 피는
달맞이꽃도 그러하다
벌 나비도 숨은 밤
굳이 꽃이
누구를 그리워하랴
또
달이 지면
달을 따라
갈 뿐이다
당당함이 뭘까?
한 번 외운 구구단
일생 그것만 진실이었다

연상의 여인

항상 만남은 기쁨의 강이 되어 흐르는 어스름
연상의 여인 주막에 들어서면
저무는 섣달 비키니 탤런트가
달랑 한 장 남은 달력 속에
주모의 박꽃 같은 호시절이
내리는 눈발에 묻혀가네
오늘도 주모는 '목포의 눈물'
칠십 년 저편 사공으로 뱃고동이 아련하다
86세 주모의 젓가락 장단은
느릿느릿
생각하면 무엇하나, 첫사랑 떠나간 종점도
서글픈 진눈깨비 질척이네
"임 씨, 거 찔레꽃 한번 해 봐."
"그럼 내 '연상의 여인' 한 곡 뽑을게."
"대문 밖이 저승이라는데 사내란 것들이
팔십 넘으면 저 다니던 대폿집도 잊어버리나 봐."
연상의 여인 푸념에 쓴웃음 흘리고
저무는 섣달 파장에
검은 것도 하얗게 묻혀가는
백설이 난분분하네

저녁나절

시월 끝 날
저녁나절의
설핏한 햇살이 맑고 깊다

스산한 들녘에
노름마치의 들국화
꽃 공양이 향기롭다

가난한 햇살 아래
때를 아는 꽃의
한 생이 탈속하다

이제 옷깃을 여미며
폐작의 빈 들을 돌아가서
겨울 옷장을 열어야겠다

눈꽃 질 때

시방 고요히 눈꽃이 지는 때
하얗게 침묵하라.
청석골 대장 임꺽정이로 살거나,
한밤 서화담의 방 문고리 잡는 황진이로 살거나,
마누라 상여 나가는데 치매로 밥투정하는
구순九旬의 당숙 아저씨나,
그때
잘 가라고…
살아왔다는 어제가 없어진 것이니
하늘에서 향기 없는 백설이
춤추며 내리나니
자작나무 숲에 옹이진 흰 옷에
무덕무덕 눈꽃이 열리는 때
世界一花로
그냥 고요히 침묵하라

새를 묻고

호암지 저녁 산책길 풀섶에
박새 한 마리 죽어 있다
하늘에서 인연이 다한 삶이
곤고한 날개를 접은 것일까
박새를 소나무 밑에 묻고
낙엽으로 따듯한 이불을 덮었다
불사조의 영생을 축원하며
바라보는 서녘 머언 하늘
국망산 노을이 붉다
새는 하늘과 사람 사이에
영혼의 교감을 전달해 준다는
전령사로 새의 업業이 다한 것일까
문득 새가 없는 텅 빈 허공이 허허롭다
저 아득한 하늘 소식이 궁금하다
머언 먼 인류는
태초에 날개가 있었다는
겨드랑이가 스멀스멀 가려웠다

수선修禪폭포

만수봉 계곡에 숨은
이름 없는 폭포를
수선폭포라 하고 찾는다
한겨울 쌓인 눈이 녹아 흐르다
백척간두에 진일보하다
거한 빙벽이 된
수선폭포
우수 지난 햇살에
본래의 몸을 풀고 흐르기 시작했다
물은 낮은 곳으로 흘러
바다로 갈 뜻으로 흐른다
흐르고 흐른 물이
바다에 이르러
짜다, 하면
바다의 사리舍利
소금이 되었음을
내 기뻐하리라

인도

아들이 인도 출장을 다녀온다고
전화가 왔다

2,600년 전 석가가 태어난 나라
인류 최초로 부처가 되어
깨달음을 설한
공의 세계
'나는 없다'
나를 만든 조상들
미래에 태어날 조상들
또 태어날 테니
나아님은 없다

물 공기 안 마시고 사는 사람 없듯
우리는 하나다

6~70억 개의 세포로
나를 이루었으니
세포 하나가 병들면

내가 아픈 것이고
우주가 아픈 것이다
우주의 참 진리를
사람으로 와서 사람에게 설한
부처가 태어난 나라
그래서 인도印度다
부처가 되어
2,600년 전 인도의
한 청년으로 가 보고 싶다

2월 초하루

안성 청룡사 대웅전
기둥
할아버지와 할머니
굽은 허리나 처진 엉덩이
살다 보니 저렇게 됐어야
오늘 나이떡 송편 해 먹던 날
세상에 지멋대로 간 게 세월이야
거 봐야
손꼽아 볼 새도 없이
빠져나가 또 돌아온
무술년 봄이야
겨우
소리를 귀로 들을 때
이제
눈으로 봐
먹을 것 없이
수척한 산천은
살아온 게
2월 초하루 같아야

꽃 필 때

제비 한 쌍 서로 잘 살아 세상에 내놓은

그 새끼들이 배부르지 않은 꽃향기를 토해낼 때

홍수 나면 먹을 물이 없듯이

어, 나는 왜 엄마 노래를 한 번도 들은 적이 없다는 생각을

밤꽃 핀 밤 까만 하늘을 올려다보며 생각해 보는 것일까?

울안에 감꽃이 지고 백합꽃 수술에 꿀벌이 숨어 헤매고 담 밖을 기웃거리는 해바라기 목을 꺾어 여름이 이울 때

그 맑게 오고 간 꽃들이

엄마가 부르시는 노래로 내 귀를 밝혀주었다는 것을

나는 왜 밤꽃 향기에 일생 궁금한 애기처럼 세상을 보채며 엄마의 노래를 잊고

늙은 소년이 되어 가는 것일까?

버드나무

고향 강 언덕 아래 한 사내 물에 발을 묻고 산다
이승에 움집 하나 짓지 못한 사내에게 보란 듯이
꿋꿋하게 물 아래로 깊게 집을 짓는다
봄바람 하늘이면 하늘거리는 여인의 집을
여름 장맛비 거세면 비의 집을 붙잡고
가을이면 누구쯤 안 해본 이별 있으랴 낙엽의 집을 짓고
겨울이면 나도 한번 깨칠 일로
무서운 정진
집을 짓고 사는…

콩나물

치매가 살짝 온 어느 날 밥상머리에서 아버지께서 콩나물을 젓가락으로 들며

"애야 애국가가 배삼룡이 노래지?"

젓가락이 지휘봉이 되어
놀란 콩나물이 일제히 일어났습니다

감 2

파란 창공에 돌 하나
던져 올리면 그대로
부서져 내릴 것 같은
겨울 하늘
이 땅에 감나무로
와서 진실
세상 맛보기로
感
한번 잡고
가리다 하던
밤
하늘에
붉은 등잔불이
까맣게
깜박이고 있다

참

왔던 곳으로
되돌아가는 게
참
이렇게 아득할까?

꽃들은 기억을 갖고 핀다

꽃은
뭇별들이
작년에 보내온
편지의 답장으로
이 땅 어디에서고
별들에게
잊지 않고
꼬박꼬박
답장으로
꽃은 피고 있습니다

가로수

선택받은 생이 이 자리였다면 누가 살겠니
고독을 심은 거리
사람이 너를 외롭게 함을 안다
매미도 한철 네 외로움을 울어 준다

하염없읍시다

가을
갈대와 억새가
흰 수염을
바람에 쓰다듬으며
"형님 제가 뭐라 합니까?"
"아우야 그런 게 아니다"
너도 기울고
나도 기울고
흔들리니
하염없읍시다

성남 모란장에서

허명의 꽃장이네
늘 살아 있어 그대 모란이 아니 계셔도
사계절 오 일마다 4·9일
모란꽃 피는 모란장

오늘은 우리 생이 사람으로 와서
개, 고양이, 토끼, 염소, 미꾸라지, 잉어, 가물치, 웅어, 사라…
함께 공존하며

있을 것은 다 있고
한 번도 안 온 生은 있어도
한번 온 사람은 다시 온다는
난장의 모란꽃 없는
모란장

동막골

그냥 저녁 어스름에 시내버스
정류장을 지나다
마침 다가오는 버스에 무작정 타고 보니
동막골 막차란다

창밖은 어둠 속에 희끗희끗
눈 덮인 들녘이 스쳐 가고 있다
더 이상 갈 곳이 없는 산촌의
겨울밤 막차

카인이 밀려온 생을 내린
에덴의 동쪽 같은 타향의 낯설 움
기다림과 그리움이 없는 타향의
골목을 서성인다

누대로 이어 마실길에 오갔을
아버지의 할아버지의 할아버지…

생각느니 우주에 소풍 나와

그냥 살다 보면 좋아지는 곳
지금 우리가 살고 있는 곳
카인과 아벨도 사는 곳

어디로 가려 하는 것이냐
번뇌가 생명인데
번뇌가 없다면
내가 뭐 하고 살꼬
동막골 별이 맑다

수마노탑

백팔 배 절을 하다
올려다보니

작년에 왔던 강아지풀

올해도 수마노탑
5층에 턱 하니 앉아
내 절을 받고 있다

석 달을 내리지 않는 가뭄에
강아지풀도 목마르다

수마노탑을 건너는 낮달도
목마르다

망촛대

꽃상여가 망촛대 우거진 묵정밭을 오르고 있습니다.

보쌈을 해서라도 한번 살아봤으면 소원이 없겠다던 김 씨

그 청상과부 수절하고 가는 꽃상여에
상두꾼으로 오르는 산길

망촛대 꽃망울에 밤마다 내려앉은 별들이
하얗게 혼백으로 흔들리고 있습니다

새벽

이마 위
산마루 솔나무 사이
달은 숨어들고
평생
노루 울음 타는
산사의
새벽에 깨어
촛불을 켜며
누구의 넋두리처럼
세상에 가장 많은 별은
이름 모를 별
세상에 가장 많은 새는
이름 모를 새
세상에 제일 예쁜 여인은
이름 모를 소녀였다
이런 모양새로
살다 가고 싶네
백팔 배 무릎을
꺾으며…

깜박

책 보다 깜박 잠들다 깨어
읽던 책 행간을 더듬으니
활자가 살아난다

시집온 새색시가 고된 시집살이 하다
　어느 날 부엌 아궁이에서 밥 지으려 쌀을 안치고, 불을 때다 따듯한 불땀에 나른하여 아궁이 앞에서 깜박 졸았다

자기가 태어나 시집와서 아들딸 낳고, 학교 보내고
　시집 장가 보내고, 어느덧 환갑을 맞아 권주가에 맞춰 기생이 따라주는 술잔을 받다가 놓쳐서, 깜짝 놀라 깨고 보니 솥에 밥이 끓고 있더란다

호암지에 보름달 빛이 불시착한 얼음 위에 푸르른 날이 매섭다
속 좋게 하늘의 공기도 한 성깔 하는 때려니 한다

깜박 졸다 책 덮고 나와서도 책 속 다음 대문은 어떻게 길을 가는가
　시인의 일상이 낯선 문장에 앉은 글자에 깨어

깜박

눈이 홀연한 시 한 수 만날까?

11월

국화가 마지막 향기를
남기고 떠난 들녘에

향기 없는
갈대와 억새가 견주는 키가
하늘 아래 나란하다

11월은 젓가락같이
일생 나란한 가을
생의 평등을 꿈꾸게 한다

서로에게 기대인 어깨가
나란함으로 깊어 있는
갈대와 억새를 구분하는
흰 수염에
우리들 눈도 맑다

자정 무렵

나는 오늘도 죄송합니다, 하고
까만 뭇별에게 꾸벅였다

오늘도 갈之자로 비틀거렸다

해와 달은
내 외로운 손에 날마다 권배의 잔을 권했다

일생 받기만 해서
죄송한 마음 문 앞에서 흔들렸다

초인종을 눌러 본 일 없는
자정 무렵 나를 배웅하는

가로수와 달과 별에게 고맙다는 인사밖에

하로동선 夏爐冬扇

초저녁별을 눈에 담고

돌아온 어제

그녀와 별같이 나눈 얘기

우리가 웃으면 별도

아기처럼 따라 웃고 있다

찬 새벽 겨울비에

까맣게 숨은 별

원숭이 나이를 물어보는

'여름 화로 겨울 부채'

주저 물러앉다

서낭당 고갯마루
손 씨가 살던
외딴집

두레박 샘을
낮달이 들여다보다 가고

끝내
집이
주저 물러앉았다

그도
기다림에 지쳤을 것이다

2.
회향

육십갑자六十甲子

시詩 - 甲子

느림의 나침반을 들여다본다

시간을 가지고
삶의 나침반 바늘이
어디로 가고 있는지
들여다볼 참이다

이와 같이 보고
이와 같이 듣고
이와 같이 쓸 것이다

1 - 10월17일

끼 - 乙丑

저 보름달에
신라新羅가 그립다

아버지의 아버지 할아버지의 할아버지
천년을 이어 온 나라

내 몸의 뼈와 피가
앉으나 서나 가나 오나

천년의
시월 상달
노래하고 춤추고 그림 그리고

그날 밤도
처용의 넉넉한 가슴으로
저 보름달같이
차고 기울고

신라적 할아버지

끼
흐르고 있어…

2 - 10월18일

몸 - 丙寅

산에는 나무가 살고
강에는 고기가 살고
땅 위에 사람

나에게, 내가 일생
걸식乞食하게 하는
몸

어찌할꼬.

3 - 10월19일

살殺 - 丁卯

그들에게는
사람이 재앙이다

조류 인플루엔자로
가금류 메추리와 닭
80만 마리가
예비 살殺처분 되었다는 뉴스

이제 겨울이면
아무렇지도 않게 듣는다

하늘의 나그네로 긴 여정을 마치고
철새가 돌아왔을 뿐인데…

인간을 위하여
예비로 죽는 주검도 있다니…

4 - 10월21일

실 - 戊辰

겨울 외투를 꺼내 입으려다
느슨하게 늘어진 단추를 달으려
바늘귀에 실을 꿰지 못하고
헛손질이다

고골리 소설 외투의 주인공
아카키 아카키예비치같이

애착 가는 외투에
떨어져 나감이 두려운 단추

인연의 끈을 단단히 묶어줄
실 하나에 이제라도
온 정성을 다해보려

은퇴하지 않으려
실 끝을 말아 세우는 중이다

바늘구멍을 지나는

낙타가 되어
그대에게 갈 수 있다는
희망의 실을 일생 꿰려 하고 있다

         5 - 10월22일

못 - 己巳

못을 빼고 있었다

못질은
나무거나 벽이거나
무지무지한 폭력을 한 때
속절없이 받아들인 자리의 응어리다

새벽꿈에
굳게 박아 놓았던 못을 빼자
못에 의지한 사물이 비로소
내 눈에 무너져 내려
허허한 광야가 되었고

나는
손을 털듯
못을 뽑던
꼭 쥐고 있었던 오래된
망치를 놓고 있었다

6 - 10월23일

더 - 庚午

손이 떨렸다

구구단을 외우지 못한다고
선생님 회초리에 손을 내밀며

"더, 더"
지금도 내 손은 수없이 주저한다

잘들 산다고 들었는데
누구에게도 우리 손은
더 이상에 익숙하지 않다

등대 앞 불빛을
지나기만 하는 배처럼

오늘도
더 가까이 손을 내밀지 못한 채
돌아오지 않았는지…

7 - 10월24일

풀 - 辛未

생이 영원할 것 같은 부지런하기만 한
그들이 간밤 된서리에 풀죽었다

풀은 나무가 될 수 없는 숙명으로
일 년이라는 시한부 생을 살고 간다

곡식과 나무와 꽃으로 피는 꿈을 접고
전래동화에 이름 하나 올리지 못하고
잡초라는 이름으로 산다

풀씨 하나 흙에 떨어지면 사나운
운명 그대로 끝없이
사람의 눈길과 맞서오며 몸집을 키운다

주고받을 것이 없는 그에게
하나도 빼앗기지 않으려

그의 삶을 송두리째 뭉개버리는
잡초를 뽑아버리는 사람의 노역

용케도 살아남은 풀은 끝내
우물쭈물하지 않고 씨 하나 떨구고 떠나야
다음 생이 있다는 것을 안다

내가 왜 사느냐고 누구에게도 묻지 않지만
서로
풀에게는 사람이 잡초고
사람에겐 풀이 잡초다

8 - 10월25일

네 - 壬申

저 말은 나도 모르는 사이
내 삶의 대답이 되었으나 사실은
"야~"라고 대답했었다.

"야~"를 밀어내고
"네~"가 들어선 말머리에는
새같이 먹이를 쪼아 땅으로 자주
머리 숙여 수긍하지 못한
불경함이 꿈틀거리고 있었다

"야~"를 놓아버린
유년의 자리에
"네~"가 앉은 후

인생은 늘 야당적이었다

9 - 10월26일

잎 - 癸酉

깨끗하게 은퇴를 선언하고
허공을 부채질하던 손을 놓고

땅으로 내려와서 이제 마지막
이름, 낙엽이 되었다

태어나서 일생 높은 자리에 앉아
내려다본 삶
이제 슬기롭게 내려온 자리를 본다

초겨울
흙의 홑이불이 된 잎

비에 젖은 낙엽을 밟고 가며
내 생도 비에 젖은 빨래처럼 후줄근하다

11월 30일
무상으로 돌아간 잎
낙엽을 위해 기도한다

10 - 10월27일

산 - 甲戌

겨울 산에
허허롭게 걸친 것 없이 나무들이
선정禪定에 들었습니다

선이란 글씨에 'ㅓ'가 돌아앉으면
산이 됩니다

내 방에는
깨달음의 한 소식
천여 권의 이름을 달리한
시집, 집 천 채 정도가
책장에서 어깨를 견주고 있습니다

모든 집은
산 같이 무겁게
돌아앉아
정진靜進… 정진…
선정에 들었습니다

영화 '봄날은 간다'의 대사처럼
"어찌 사랑이 변할 수 있니"
제가 저 산을 어찌 움직일 수 있겠습니까?

11 - 10월28일

별 - 乙亥

시월 그믐날 새벽이다
하늘에 놓인 사다리를 끝없이 오르며
별에게 가는 길이 인생이라 생각했다
까만 하늘에 반짝이는
저 별 어디쯤에서 떠나
사람 몸 받고 온 지구의 여행자
어른이 되어 가며 세상에는
'스타'라는 사람들이 곁에 있었다
기라성같이 많은 스타들이
펼치는 연극의 무대 아래
나는 관객으로 박수를 쳤다
그럭저럭 저무는 일상에서
나는 참 별을 좋아하던 사람들을 만났다
'윤동주, 빈센트 반 고흐, 알퐁스 도데,
어린왕자로 별이 된 생텍쥐페리'
그들이 내 가슴 희망의 한편에서
늘 새벽잠을 흔들었다
시월 그믐 새벽 별이 맑다

12 - 10월29일

콩 - 丙子

콩 농사를 짓는 아우의
콩 수확 일손을 돕고 왔습니다
콩 수확을 한꺼번에 할 수 있는
콩을 베는 콤바인이 있어서 수월했습니다
나는 수확된 콩가마를 옮기는 일로
40kg 콩 가마 이백열두 자루를
창고에 쌓았습니다
삼국지에 나오는 조조의 아들
조식의 칠보시 七步詩의 소재인
콩을 절묘하게 읊은 시를 생각하며
나 대신 고향에서 기둥이 되어 준
아우가 고마웠습니다
조식은 "사람은 천 년을 취할 수 없으나
시詩는 만 년을 향기로울 수 있다."고
했으니 시인이기도 했는가 봅니다
수안보 온천에 몸을 씻고 돌아오니
주인이 예쁘게 바꿔 달아 놓은 편지함에
낯선 이름의 책이 기다리고 있었습니다
저녁으로 막걸리와 두부를 들다

봉투를 뜯으니
'트로피 헌터' 노은희
검은 장정의 의외로 단편 소설집이었습니다
제목부터가 범상치 않습니다
촌놈 체질이라 초저녁잠이 많은 내가
마치 영광의 트로피를 번쩍 들어 올리고
수많은 관중 환호에 답하듯
소설을 놓지 못하고 단숨에 보았습니다
모처럼 읽는 것을 벗어나 오랜 시간
한 생을 통째로 들여다보았습니다
'트로피 헌터, 부활, 똘뜨'
세 편의 단편 소설이 일관되게
소설 속의 주인공들은
사랑이 부재한 신산한 생의 나락에서
사랑의 긍정으로 힘겹게
큰 산을 오르고 있었습니다
생전에 아버지는
"농사꾼은 살면서
콩 심은 데 콩 나는 진실을 믿으니 적어도

농사꾼은 사기꾼이 없다" 하셨습니다.
농심으로 일생 흙을 믿고
씨앗을 뿌리며 가을을 맞아
수확을 거두는 아우가
아버지의 대를 이은 농심의 거룩한 성자聖者입니다
예술가도 일생 은퇴가 없으니
날마다 새로운 날 낯선 삶들을
창조해 가는 영원한 이름의 성자입니다
트로피 헌터 소설집을 다 보고
그녀의 문필이 장강을 도도히 흘러
바다에 이르는 대문호大文豪가 되길 축원하며
소설집을 덮었습니다.
창을 여니 그믐밤 새벽하늘에는
낮에 땅을 떠난 까만 콩들이
별이 되어 깜박이며 나와
눈을 맞추고 있습니다

13 - 11월1일

흑黑 - 丁丑

삼 대째 이어온 음성읍 중국집 동화반점
55년 전 오늘 12월 5일
중학교 입학시험 보는 날 점심시간
난생처음 보는 검은 음식을 보고 난
사람이 어떻게 검은 음식을 먹지?
저걸 먹어도 속이 괜찮을까?
'짜장면'을 먹을 용기가 없어 난
우동을 먹었고 함께 간 동무들 셋은 짜장면을 먹었다
합격자 발표가 있던 날 공교롭게도
우동을 먹은 나는 합격했고
짜장면을 먹은 친구들은 고배를 마셨다
집으로 걸어서 돌아가는 삼십 리 신작로길
동무들 뒤에 처져 가며 합격한 난
죄인처럼 우울했다
오늘 충북펜문학 출판기념회를 동행하고
돌아오다 원로 시인께서 짜장면 얘기로
마침 음성읍 그 동화반점에 들렀다
문득 55년 전 그날을 얘기하며
동행한 시인 셋은 짜장면을 먹고

나는 우동을 먹었다
인생의 한때
黑과 白이 공존한 세월
이젠 나도 가끔 검은 짜장을 먹지만
흰 머리와 검은 눈썹
그 동무들이 셋이 일찍 천상의 객이 되었으니
소주잔을 털며 신산하게 흘러간 기억의 우울이다

14 - 11월3일

벽 - 戊寅

외출에서 돌아오니 어디서 따라왔는지
파리 한 마리 방에 유영합니다
그는 염치 좋게도 내 일에 간섭을 합니다
책장을 넘기는 손에도 앉고
잠시 손을 휘저으면 날아갔다

이번에는 더 가까이 이마에 앉습니다
'살생중죄 금일참회 殺生重罪 今日懺悔'
저절로 입에서 번뇌합니다

어쩔 수 없이 먼지털이개를 들고
창문을 열고 파리를 추방하려 씨름합니다

나가지 않으려는 파리는
벽에서 벽으로 천장으로
한참을 소란 끝에
벽이 없는 허공으로 탈출합니다

타인처럼 간섭하지 않았다면

파리와 한겨울 동고동락할 참이었습니다

허나 순간 우주의 미아가 된 게 아닌가

걱정되어 잠시 파리가 쫓겨난
허공을 두리번거립니다

나도 언젠가는 이생에서
우주 밖으로 추방될
이방인 같은 날이 오겠지요

털이개를 벽에 걸고
찻잔에 물을 붓습니다

                                              15 - 11월4일

잠 - 己卯

즉,
잊는다는 것이다
깊어진다는 것이다
고향에 갔다가
고인이 된 친구 아버지
초겨울 볕에 나와
고주박잠이 깊어
몇 번을 불러도 응답하지 않으신다
어느 스님 법문에서 들은
좌망座忘과 삼매三昧
눈앞의 정경이다
대설大雪 날
한 줌 햇살 밝게 튀는 마당을
조용히 돌아서 나왔다
담장에 우두커니 바라보는
감나무 상수리에 까치밥
홍시가 맑다

16 - 11월5일

밥 - 庚辰

"시가 뭐니, 시를 하면 밥은 먹고 사니?"
태몽꿈으로 선비에게 책을 받고
날 낳으셨다는 어머니는
내 어정쩡한 이십 대의 방황에
처음 내 밥벌이 걱정을 물으셨다

엄마는 시도 직업이라 생각하셨을까
시를 쓴다 하지 않고
시를 하면… 이라고 물으셨다

이맘때 겨울
가난한 마음의 들녘에 내리는
눈雪이 쌀이었으면
밥하고, 시하고 아프게
목구멍에 걸린 말이다

17 - 11월6일

소 – 辛巳

소를 기르는 친구에게 한낮에 전화가 왔다
시내 나왔으니 막걸리 한잔 하잔다.
무슨 일이지? 차도 끌고 왔을 텐데 대낮에 막걸리라니…
보던 책을 덮고 도서관을 나왔다
대설이 지난겨울 정오가 되도록
사 층 도서관에서 바라보는 안개가 아직도 몽환적이다
소 키우는 축사부터 정리했다 한다
아내가 아프단다
소와 이제껏 살다 보니 하루도 비울 수 없어
아내와 그 흔한 동남아 여행 한번 못가고
소에 붙잡혀 살은 게 덧없단다
소는 코뚜레가 없어졌는데
내가 옛날 일소처럼
내가 소한테 코뚜레 잡혀 산 게
아니냐는 푸념이다
아픈 아내를 두고 병원을 나오며
또 소 걱정을 하게 되더란다
얼마 만인가 시내를 나와 어디든 걷자고
잎이 진 가로수를 바라보며 자꾸 걸었다 한다

그런데 문득 내 생각이 나더란다
내가 소 키우는 축사에 왔을 때
십여 년 전 봉화의 다큐멘터리
소 영화 '워낭소리' 한번 보라고…
소떼를 몰고 삼팔선을 넘는 정주영처럼 되라고도 했단다
유난히 눈썹이 짙은 친구가 소 눈을 닮았다
소는 저마다 다르지만 소의 순함은
눈 속에 모두 들어가 있는 것 같음을 안다
아내와 일생 소같이 살면서
처음 몸져누운 아내가 일만 하다
늙어 병든 소가 누운 듯 측은하여 못 있겠더란다
나는 친구에게 술 한 잔 따르며
친구의 깊은 눈에서 문득
작년 여름 전라도 구례 큰 홍수 때
소 떼가 사성암 절에 올라온
그 순망했던 소들의 눈이
술잔에 어리고 있었다

18 - 11월7일

앎 - 壬午

'앎'은

바람이 부는 것은 지나가기 위해서

비가 오는 것은 물방울이 모여서 바다로 가기 위해서

눈이 오는 것은 세상을 한번 평등하게 검은 것도 희게 하기 위해서

아름다운 것은 영원한 것이 아니고

사라져 가슴에 앉는 것

저 하늘 가득한 별 중

어느 별이 내 별인가?

문득 걸음을 멈춘다

19 - 11월9일

12.12 - 癸未

1979년 12월 12일 저녁 7시

나는 그때 떨어지는 낙엽도 피하라는
대한민국 육군 병장
제대를 앞둔 말년병장이었다

대통령이 졸지에 부하의 총에
한 시대의 유신정권이 사라지고
사회는 계란이 굴러가듯 위태로운
혼란한 소식만 들려왔다

그날 그 시각 귀청을 찢는
비상! 비상!…
올 것이 왔구나 하는 심정으로
전쟁이 터졌구나 실탄을 지급받고
어둠 속에 차로 행주산성 벙커로 이동하고 있었다

영문도 모르고 출동과 철수를 몇 차례 반복할 그때
우리 연대장은 행주산성 방어구역을

반란의 주군들에게 통과시켜 주었다

그들만의 역사가 시작된 것이다

41년 전 그 반역의 총을 들었던…
어쨌거나 후일 대통령을 지낸 두 사람이
이 가을과 겨울 한 달 사이에 이승을 떠났다

'연개소문, 이성계, 김일성, 박정희, 전두환'
세상을 바꿔보는 그날
자기가 할 수 있는 일과 해야 할 일
총을 들은 그날 그 시간 앞에 있었다

내 삶에서 오늘은
역사의 '다르마'를 생각한다

20 - 11월10일

원圓 - 甲申

왜 문득 시계를 사고 싶다는 생각을 했을까
난장에서 헐값에 시계를 샀다
일생 일탈하지 않고
원을 정확히 그리며 제자리로
항상 돌아가는 바늘이 호기로웠다
실로 얼마 만에 손목에 얹은 시간인가
그가 앉은 후 둥그런 원으로
이지러진 곳 없고 모서리가 없는
무한의 걸림 없는 무소유
한 번밖에 없는 지금
나고 죽음의 순간도
인연의 시간 속을 머무르는 것
왜 사느냐고 묻는다면
날마다 좋은 날

21 - 11월11일

대代 - 乙酉

어머니가 돌아가신 봄날
모란이 필 즈음
이웃집 강아지 새끼가 아버지를 쫄래쫄래 따라오자 그대로
그 강아지 한 마리를 아버지는 키우게 됐습니다
황구라고 이름을 얻은 강아지는
홀로 되신 아버지에게 먼 하늘에서
어머니가 보내주신 화자話者이었을까
아버지가 계시는 곳에는 어디든 항상 황구가 있었습니다
들에 가면 들길을 앞서가며 이슬을 털고
장에 가면 따라나서 배웅을 나갔다
돌아올 때쯤에는 신작로 정류장에서 아버지를 기다렸습니다
아버지가 주무시는 사랑방 봉당에서
밤새 아버지의 마른기침을 근심스럽게 받았습니다
이맘때 겨울 아버지한테 새벽 전화를 받았습니다
어제부터 대청마루 깊은 곳에서
황구가 나오지 않고 있다는 겁니다
아버지의 연락을 받고 나가서 살펴보니
무언가 꿈틀거리는 움직임이 있었습니다
무슨 일일까, 대청마루 밑을 기어들어 갔습니다

황구가 새끼를 낳은 것입니다
열네 살의 황구가 새끼를 낳다니
딱 한 마리를 낳아 놓고 기진해 있었습니다
황당해서 대청마루 밑에서 움직이지 못하는 황구를 추슬러 방에 들이고
우유를 먹이고 부산을 떨었습니다
아버지는 황구가 새끼를 낳았다는 걸
도저히 믿지 못하고 한동안 어이없어 하셨습니다
사람으로 치면 팔십 대의 나이에
애를 낳은 것이죠
허나, 산고 진통을 극복하지 못하고
우리가 지켜보는 앞에서
눈을 뜨지 못하는 새끼 곁에서
가쁜 숨을 몰아쉬며 황구는 조용히 눈을 감고 있었습니다
혼자되신 아버지를 위해서였을까요
그 나이에 대代를 이을 새끼를 남겨두고
짚불이 사그라지듯 죽어가고 있었습니다
황구가 떠난 봉당과 마당과 들녘에는 시나브로
소담하게 내리는 눈이 종일 쌓이고 있었습니다

나는 내리는 눈을 하염없이 바라보시던 그때
아버지의 마지막 눈물을 보았습니다

22 - 11월12일

업業 - 丙戌

경기도 안성시 청룡사 위 절 은적암에
'나한'이라 부르는 개 한 마리가 있었다.

은적암에 머문 지 사흘째 되는 날
새벽부터 개가 시끄럽게 짖어대고
괴이한 울음을 울며 목줄을 풀으려 몸부림을 치고 있었다. 스님은
"이놈아 이제 그만하면 됐지 언제까지 그러려 하느냐." 하시며 할 수 없지 하시며
나한이 목줄을 풀어 주었다
개는 쏜살같이 산속으로 사라졌다
"스님, 나한이 왜 저럽니까?"
"거사님, 업이란 게 참 무섭습니다. 내가 어떻게 할 수 없는 일입니다."
그렇게 며칠이 지나도록 돌아오지 않던 저녁 무렵 나한이가 돌아왔다
검은 물체를 물고와 인법당 마당에 놓고
스님께 자랑하듯 날 뛰며 부산을 뛰었다
너구리였다

"거사님, 저 너구리 좀 적당한 곳에 묻어주고 오시겠소."

나는 삼태기에 너구리 시신을 담아 양지에 묻어 주고 왔다.
나한이는 아무 일 없다는 듯 목살이에 묶여 먼 산을 바라보고 있었다.
스님은 차 한 잔을 끓이고 날 기다리고 계셨다.
어느 해 봄 안성장에 갔다가 장에서 만난 보살님이
"강아지 한 마리 키워 주세요." 하며
제가 사료 값은 항상 시주하겠다며 부탁하기에 나한이와 산지 4년째라 했다.
나한이가 어릴 때 하루는 서울에 출타하고 돌아오니
나한이가 피투성이가 되어 마당에 뻗어 있었다
스님은 황급히 강아지를 안고 안성 가축병원에서 치료를 하고 입원을 시켰다.
다행히 몸을 회복해서 저렇게 컸는데
이듬해 봄 서쪽새 울기 시작하면 괴성을 지르며 몸부림을 치더란다
기이해서 목줄을 풀어 주었더니 쏜살같이 산으로 사라지더니 일주일 정도 후에 돌아왔는데

너구리 한 마리를 잡아 왔다

생각해 보니 지난 해 봄 나한이를 피투성이로 만든 짐승이 너구리였던 것이다

일 년 동안 가만히 지내다가도 이때가 되면 목줄을 풀어 줘야 했고,

며칠이 되던 꼭 너구리 한 마리를 물고 돌아왔다

업이 무서운 겁니다. 미물인 짐승도 저러한데 사람 살아가는 속세의 일이 서로 업 짓는 일 아닌 게 어디 있겠습니까?

우리 사람 살아가는 한 생도

인연 따라 왔다가 인연의 업이 다하면 돌아가는 게 아닌가 싶습니다

서쪽새가 울고 있었고

등허리가 서늘했다

23 - 11월13일

절拜 - 丁亥

백팔 배를 하고 난 새벽
하루 일과가 끝난 듯 가볍다
삼천 배 절을 처음 한 것은
첫 시집 발간을 앞둔 간절함이었다
서울 인사동에서 재야 문화 운동권 모임의 술자리를 파하고
수배자인 그가 은신하고 있는
경기도 안성 서운산 청룡사의 은적암에 찾아들었다
은적암에서 홀로 수행하시는 스님께
늦은 밤 인사를 드렸다
이튿날 사시 예불을 드리고 조촐한
점심 공양을 마치고 나자 차를 마시며
나에게 백초를 채취하러 갈 테니 함께
갈 테면 낫을 들고 가자 하셨다
서운산 골짜기를 헤매며 스님이 가리키는 대로
풀을 한 움큼, 어떤 풀은 서너 움큼 베었다
농촌 출신으로 소꼴, 나무, 벼도 많이 베어본 내게는 참 시답잖은 일이었다
며칠에 걸쳐 스님과 베어온 풀을 따듯한 봄볕에 말렸다
스님께서는 백가지 종류의 풀을 모아 '백초'라 하는데 큰 병 하

나쯤은 고칠 수 있다 하셨다

그날 저녁 공양을 끝내고 스님께서 내게 물으셨다

"거사님, 삼천 배 해 보셨소?"

소쩍새가 울고 있었다

어제 나한의 일을 떠 올리며

스님의 말씀에 두말없이 나는 법당에서

삼천 배를 시작했다.

백 배, 삼백 배, 오백 배, 천 배…

온 몸이 저리고 점점 다리에 힘이 빠져가고 있었다.

천오백 배가 넘어가자 눈물이 나기 시작했다.

딱히 뭐라 할 수도 눈물을 주체 못 하며

서러움에도 절은 계속됐고

피를 토하며 운다는 소쩍새가 절을 하며

흘리는 내 눈물을 받아 주고 있었다

땀과 눈물로 처음 삼천 배를 끝내고

법당을 나와 깊은 잠에 빠졌다.

무심결에 불현듯 잠에서 깨어나며 문득 그녀 생각이 났다

그때 막 보급되기 시작한 핸드폰 덕으로

수소문하여 그녀의 소식을 알아냈다

삼천 배 후유증으로 불편한 거동으로 이틀 후에 서울서 그녀를 만났다
이웃집 사돈이 여고 동창이라며 소개한 그녀를 만나면서도
나는 실없는 말처럼
첫사랑 그녀가 날 찾으면 난 그 사랑을
찾아간다고 했다
말이 씨가 된다 하더니 그녀와 장래를
약속할 즈음 뜻밖에
고향으로 나를 몸소 찾아오신
첫사랑의 어머니가 나와 청혼까지 원하시니…
그녀를 냉정하게 절교하고 헤어진 지 십오 년이 흐른 시간이었다
그녀도 결혼하여 아이가 둘이라 했다
그녀는 한 눈에도 몸이 수척한 환자였다
위암 말기라 했다.
그래도 날 한번 쯤 만나고 싶다는 생각이 들던 차 내 연락을 받았다 했다
그때 문득 스님과 함께 뜯은 백초 생각이 났다
나는 그녀에게 간절하게 부탁했다

"내가 꼭 줄 게 있으니 내일 한 번만 더 이곳에 나와 달라고…"
절에 돌아와 스님께 사연을 말씀드리니
스님은 빙그레 웃으시며
"거사님이 삼천 배 공덕으로 속세의 묵은 업을 갚을 인연인 것 같습니다."
이튿날 나는 스님이 일러준 대로 그녀를 만나 백초를 달여 복용하는 방법을
가르쳐 주고 헤어져 돌아왔다
은적암을 떠나며 첫 시집 제목을 얻었다
'제비는 산으로 깃들지 않는다'
아이들이 자라고 그녀를 소개했던 사돈의 결혼식장에서
참으로 까마득하게 잊고 있던 그녀의 소식을 들었다
내가 전해준 그 뭐라 하드라 그걸 먹고
병이 완치돼서 잘 살고 있으며
가끔 내 안부도 묻는다고…
그 후 몇 번의 삼천 배를 했다
시집을 발간할 때, 아들 군 입대, 삼성전자 입사시험, 아들 결혼식,
마지막 삼천 배는 딸의 결혼식을 앞두고

대구 팔공산 갓바위 부처님께 삼천 배를
하고 내려오는 초저녁
1,365개, 돌계단 하나하나에
내 발치에 별이 내려앉으며
불빛을 밝혀 주는 환희심을
맛보았다
백팔 배 절을 끝내고 앉은 지금
시를 쓰게 하는 새벽이다

24 - 11월14일

일 - 戊子

어느 책에서 본 기억으로
세상에 다섯 가지 일만은 남이 대신해 줄 수 없다 했다 그것은
"옷 입고, 밥 먹고, 똥 누고, 오줌 누고 자신의 몸을 끌고 길 위를 가는 일이다."
'888'일 핸드폰 화면에 외손주
영상에 떠 있는 숫자
오늘로 외손주가 지구별로 온지
888일
이제 일평생 스스로 감당할 일
몇 가지를 스스로 하는 모습이다
밥 먹고, 똥 누고, 오줌 누고, 걷고…
옷깃만 스쳐도 오백생의 인연이라는데
간절히 원하면 우주도 도와준다던
외손주 천진불天眞佛이
밤마다 별을 베고 자고
아침마다 해를 들고 인사를 보내 온다

25 - 11월15일

책 - 己丑

나는 아직도 설렌다

우체통 편지함에 무심히
날 기다리고 있는

낯선 곳에서 보내온 책
책을 손에 받아 들고

책 제목과 저자 이름을
천천히 읊조린다

첫사랑 그대에게 편지를 보내고
기다리던 연서戀書의 답장

봉투를 열듯
나는 아직도 설렌다

26 - 11월17일

죽 - 庚寅

내가 좋은 날 보다
싫은 날이 더 많은
그 좋고 싫음이
그리하여
처음과 끝이 만난
일원상—圓相
또다시 시작하는
동짓날
팥죽을 먹으며
이제껏
아! 나는 나였어!

27 - 11월19일

탈 - 辛卯

명창 안숙선, 놀이패 김덕수
공연을 보고 돌아가는 밤
동짓날 열여드레 보름달도 춥습니다
내 생에 깊은 곳에 앉은
춤꾼이었던 '공옥진'을 떠올리며
늦은 밤 내 발이 왜 춤추듯 사뿐이나요
거침없는 풍자와 해학의 걸쭉한 입담
탈을 쓴 곱사등 춤으로
관객을 웃기고 울리고
공옥진 소리 앞에 사내가 있었나요
구음 시나위 가락에 맞춰
허허롭고 광대무변한 몸짓
갑자기 춤사위를 멈추며 탈을 벗고
관객에게 큰 소리로
"인간이 인간 탈을 써서 탈났어!"
사람이란 말을 써본 적도
들어본 적도 없을
탈!
우리는 벗지 못하고 있다

28 - 11월21일

참! - 壬辰

이 땅에 태어나
하느님이 보우하사
우리나라 만세 같이
아기예수 태어나듯이
오기도 하고
가기도 한 곳
알아차리는
날마다 거룩한 날이면
참! 좋겠다

29 - 11월22일

짐朕 - 癸巳

'짐과차朕過此'
내가 이곳을 지났노라 하는 뜻입니다
청나라 제4대 황제 강희제는
겨우 8세의 나이에 아버지 순치제로
부터 왕위를 물려받았다 합니다
태조 순치 황제가 왕위를 물려주고
스님이 되어 쓴
'출가시'에 이런 문장이 있습니다
"백년을 산다 해도 사는 날 삼만 육천
풍진 밖 산속이 한나절에 비교하리."
금봉산 석종사를 행선行禪 삼아
집에서 두 시간 오가며
갈수록 몸뚱어리 어딘가 스스로
짐이 되고 있습니다
무시로 석종사를 오르며
금봉산은 날마다 오늘인데
사람도 날아다니면 안 되겠는가
날아서 간들 지구 밖은 아닐 테지만
부처님 길 따라
입산入山하고 하산下山하고

내가 이렇게 심득心得하지 못하고
오늘로 24451일
언젠가는 여의어야 할
몸뚱어리 하나만
'짐'이 됐구나

                                    30 - 11월23일

쉼休 - 甲午

동해 양양군 현남면 광진리 바닷가에
관세음보살 기도 도량
휴휴암休休庵이 있습니다

쉬고 또 쉬라는 절이라니 어떨까요
낮은 언덕을 넘으니
일망무제 가슴을 확 트이게 하는 바다가
눈을 확 열어줍니다

관음전에 예불 드리고
용궁 전 바다에 서니 소문대로
물 반 고기 반 헤아릴 수 없는
고기 떼가 신명 났습니다

어느 때부터인지는 모르나
휴휴암 절을 창건한 이후부터라 합니다

바다에서 걸림 없이 사는 고기들도
쉬고 싶을 곳이 필요한 걸까요

하여 어쩌면 고향에 돌아와
옛 동무를 만나서 저렇게
신명 난 몸짓 아닐까요

저 고기 떼를 하염없이
바라보고 있는 나는
휴휴암에 왔으니 정말
지금 쉬고 있는 것인가요!

         31 - 11월24일

접蝶 - 乙未

어떤 단어가 제일 좋은가 생각하며
서울로 첫 운행을 시작하는
기차에 올랐다

창밖에 목행대교
남한강 은물결 여울이
나비 떼로 날아오른다

'나비'
모든 나비는 어디로부터 오는가
나비에게 '적'이 있겠는가
이제
나비처럼 살아야겠다.

32 - 11월28일

시時 - 丙申

이 경주는 꼭
내가 지게 돼 있다
그래서 태어날 때도 억울해서 일단
응애! 응애! 울었다

그날로
세상의 땅을 내게 다 주어
시계를 깔고 앉을 방석에 앉았어도
흰 머리 되었네… 하여튼
시간은 누구의 편도 아닌데
밤새 비우지 못하고 온 술잔은
어제 일
또 새해 아침
배고프면 밥 먹고
추우면 옷 입어

33 - 11월29일

옷 - 丁酉

대문 앞에 헐벗은 뽕나무를 보며
내가 입고 있는 옷을 생각한다

'이것이 있음으로 말미암아'의 근원인
뽕나무

뽕잎, 누에, 누에고치, 번데기, 실, 옷감, 옷

34 - 11월30일

심心 - 戌戌

새해 달력을 걸고 삼일
일생 맘먹기는 늘 먹는다

꽁꽁 언 호수 얼음장 위를
서성이는 수달의 배고픈
마음을 먹는다

사막에 느닷없이 나타난 어린왕자
말을 읽지 못해
보아뱀이 코끼리를 먹는다

어린 왕자가 사람에게 최초로 부탁한
어린양을 그려달라는 뜻을…

의자만 돌려 놓으면 하루
마흔세 번 해가 지는 것을 보았다는
어린왕자의 말을…

들어온 숨을 다시 내쉬듯

해는 지지도 뜨지도 않는
지구도 아주 작은 별이라는

어린왕자의
마음을 잇는다

35 - 12월1일

문門 - 己亥

문을 열고 나서면
또 다른 문이 있었다

인因으로 와서
연緣으로 가는 어떤
門 밖의 門… 門… 門…

매화와 살구와, 감꽃과 국화, 눈꽃까지
가는 문을 열고
번뇌가 끊기면 열반이라는데

길을 가다 난장의 장기판에 끼어들어
한나절 훈수로 해거름이다

길을 나서면 늘 하늘 바깥으로 가는
門… 門
매일 첫사랑을 만나고 되돌아와
문은 출구가 아님을

門…을 닫는다

36 - 12월3일

젖 - 庚子

나는 우유를 잘 먹지 않는다
아들도 나 닮아 우유를 먹으면 토하곤 했다
사람의 젖이 아닌 소의 젖을 먹는
우유 젖병을 빨고 있는 외손주 사진을
보며 생각한다
최초 누가 소의 젖을 사람이 먹을 생각을 했을까?
그 담대한 사람이 궁금하다
치과를 다녀오다 낯선 사람이 치과를
함께 나서며 우유를 권한다
이를 빼서 먹을 수 없다고…
얼떨결에 우유를 받아들고 망설인다
주머니 속에 우유갑을 만지작거리며
기억에 잃은 어머니의 젖
머리를 가로 젓는다
임인년 충주 첫 오일장
우유를 모르고 자란 지긋하신
장삼이사長三李四 장꾼들과
왠지 정겹고 선한 눈길 마주치는
겨울 오후의 햇볕이 온온하다

37 - 12월3일

가 - 辛丑

중학교 입학을 하고 같은 반 친구 중
다른 친구들을 부를 때 "가가?"라고
낯설게 말하는 친구들이 있었다
강을 건너서 오는 이웃, 면面이 다른
그들의 사투리가 한동안 어색했다
"가가?"하고 말하던 강 건너 동창을
중학교를 졸업하고 51년 만에
고향의 농협에서 우연히 만났다
씨름을 잘하던 친구다
차 안 끌고 왔으면 술 한잔 하잔다
불정면 전통주로 유명한 앉은뱅이 막걸리
술을 마주하고 창밖에는
서설이 내리고 있다
강 건너 친구들을 기억나는 대로 이름을 물으니
'가'도 갔어
반쯤은 지구에 부재중
'가가'는
자꾸만 술잔에 가라앉았다

38 - 12월6일

신 - 壬寅

외손주 '민채'에게 처음으로 겨울 신, 털 부츠를 사서 보냈다
민채는 해마다 신발 문수를 바꾸어가며 꺼지지 않을 지구를 씩씩하게 밟을 것이다
나는 어느 때부터 더 이상 신발 문수가 바뀌지 않고, 일생 지금의 신발 문수로 여기까지 왔는지 새삼 발을 내려다본다
얼치기 문학도로 인사동 천상병 시인 목순옥 여사의 '귀천'을 드나들었고, 나라를 위해선 무겁기만 한 군화를 신었다. 해 뜨는 동해에서 해 저문 홍도에 발자국도 남겼고, 한때의 사랑을 찾아 구름같이 산을 넘었고, 광화문에 촛불도 들었다.
시인이라는 이 신발은 스스로 굴레가 되어 너덜너덜 일생 야당적이었다
일제 때 만주에서 압록강을 넘어오는 독립군과, 일제 압박을 피해 이민 오는 난민을 위해 짚신을 매어 고개 마루 나무에 걸어 놓았다는 수월 스님의 무주상 보시 자비를 생각한다.
나는 손주의 발이 다 자라서 스스로 사회의 동량棟梁이 되어 신발의 문수가 바꾸지 않아도 될 때 까지 손주 발에 맞는 신발을 선물해야겠다고 다짐한다.
세상의 진자리 마른자리 가리지 않고 아름다운 발자국을 남기고 귀의歸依하는 신발을…

저 먼 서녘 금방 뜬 개밥바래기 별이 맑다
"민채야!"

39 - 12월7일

'쌍!' Sang - 癸卯

다시 보는 '티베트 사자의 서死者의 書'를 읽다가
'쌍'은 티베트어로 '깨어나다'
'우리가 가는 길에 필요한 모든 것이 우리 안에 다 있다'
우리는 어디에서든 시작을 하는 것
씨앗을 심으면 곡식이 자란다
우리에게 있는 것을 찾으라는
나라고 하는 나를 놓아 버리는
"휴~~~ 다 괜찮아!"
성도재일成道齋日*
쌍!

* 부처님이 출가하여 깨달음의 도를 이루었다는 날로 음력 12월 8일이다.

40 - 12월8일

책 - 甲辰

한 권의 책을 다 읽고 나서
호암지를 거닐며
그 책 속에 살고 있는 무수한
삶의 물결이 신산하다
한 권의 책이 내게 오도록
나무가 분골 되어 태어난
종이
호암지 물 밑에 거꾸로 그림자를 키워 온
늙은 참나무가 묻는다
당신의 생을 위하여 쓰러진
"나무의 나이테를 세어본 적 있으신가요?"

41 - 12월9일

돌石 - 乙巳

산책길에 발을 멈췄다
누구의 무심행일까
큰 돌 한 덩이 호암지 얼음 위에
느닷없이 선정禪定에 깊다
돌이 무관심이다
얼음이 물로 돌아갈 때
그곳이 물속이든
구품연화대九品蓮花臺
돌은 돌로
그때 열반이다

42 - 12월11일

감柿 - 丙午

나 태어난 집 뒤란에 감나무
이제도 참 정정하시다
그 키가 그 키 같으신 채로
봄에 궁금하신 촉을 내어 귀 열고
초여름 감꽃은 향기롭고
가을에는 붉은 호롱등이 뒤란을 밝혔다
어릴 때 처음 아장아장 감나무 곁에 가서
무언지도 모르고 흩어진 꽃을 주워 먹었다.
내 첫 나들이에 감꽃을 먹었으니
내 생은 꽃길이어야 했으나
이제껏 도린곁으로 더 많이 떠돌았다
한겨울 감나무 상수리에 착하게
검게 쭈그러진 까치밥 위로
파란 하늘에 빛 죽은 낮달이 걸렸다
초승달이 반달 되고 반달이 보름달로 생성되어 갔으나
달은 차고 기울어짐이 없는
본래 만월滿月임을
감나무는 감感 잡고 있다

43 -12월13일

생生 - 丁未

24471일
우주에서 지구별로 온 오늘
어머니의 배가 무지무지 아팠던 날입니다
영일 정씨 포은 할아버지 후손으로
열일곱에 시집와서 딸만 다섯 낳고
첫아들로 33세에 저를 낳으셨습니다
항상 눈이 내리고 매서운 날
음력으로 섣달 스무 사흘
양력으로 정월 열엿새
어머니가 살고 가신 나이를 넘어서서
파뿌리가 됐어도 늘 망설여집니다
괜히 왔다 가는 건 아닌가
날마다 해는 뜨고 졌는데
저는 제 세상 어디쯤에 있는 것일까
옛 어른들이 말하기를
"일 없는 사람이 귀한 사람이다
다만 억지로 꾸미지 말라
있는 그대로가 좋다"
이 서툰 걸음이 내디디고 온 오늘

어머니 품에 절 올립니다

44 - 12월14일

자自 - 戊申

새벽 법정 스님 책을 읽다가
'자자自恣'란 어휘에
책 덮고 창문 열고 기울어가는
보름달을 본다
법정 스님께서 많이 하신 말씀 중
"인간의 봄은 어디서 오는가?"
이 겨울 새벽
보름달이 지나고 있는 사람이 나다
"네 생에 첫 마음 아직도 있느냐?"
드잡이하는 스님의 유튜브를 켜다

시안거詩安居 해제일이 한 달 남았다. 저 달이 기울고 차면 무탈하게 어쨌거나 목표한 61편의 한 자字 제목시도 회향할 수 있을까? 앞으로 61편, 어떤 수승한 인연의 시가 내 손을 잡을까 설레인다.

45 - 12월15일

정釘 - 己酉

소크라테스, 예수, 갈릴레오, 사육신
모난 돌이 정 맞는다고 저들은
"그게 아니오!" 그랬다
충북 괴산군 불정면 삼방리 어래산
길목에 마애불이 당당하게 앉아 있다
고려가 망하자 이곳에 숨어든 고려의 충신 배극렴을 찾아
태조 이성계가 세 번을 찾아왔다 해서
삼방리三放里요
임금이 찾아온 산이라 해서 어래산御來山이다
그가 찾아온 기념으로 어래산 들머리에 마애불 부처를 조성했다
하나 누군가의 간절한 정을 맞길 기다린 듯
당당하게 태어난 부처다
시방 시간의 오후 한낮 이니스프리innisfree다
마애불전에 김밥과 물, 사과 나누며
해가 이웃하다
낮잠 깬 고라니 기웃거리다 산등을 오르고
밤나무에 앉은 새가 한참을 고개를 갸웃갸웃하다 날아간다.
모난 돌 정을 피해 둥글둥글 잘들 살 때
그날 정 맞아 탄생하신 마애불 부처님께 묻습니다

"왜 그러셨어요?"

46 - 12월16일

저著 - 庚戌

분재盆栽를 들여다보며
아무리 어찌해도
나는 너만 못하다.
너를 만들 수 있는 몸은
너뿐이기 때문이다
두루마리 화장지 풀려지듯
스스로 풀리는 두께를 아는 몸도
너뿐이기 때문이다
풀이 아무리 자라도
소나무 될 수 없고
솔 씨 천년을 싹이 터도
풀이 될 수 없듯이
내 알음알이로 깨끗이 손 털고
너 스스로만 못하다

47 - 12월18일

손手 - 辛亥

'비손'
절에서 흔히 말하는
합장을 하는 손 모음입니다
합장하려면 손에 든 것이 없어야 합니다
빈손으로 왔다 빈손으로 가니
드릴 것도 받을 것도 없는
우리네 손입니다
"여기 꽂고 저기 꽂고 삼배출로만 꽂아보세."
고향에서 농사지을 때 모내기하며 부르던 선소리입니다
세상은 땅에 손을 터는 농부의
손에서 삶이 시작됩니다
타인과 악수를 위해서 항상
바람 한 움큼 움켜잡지 못하는
비손이 되어야겠습니다

48 - 12월20일

비非 - 壬子

종교 편향은 망국의 징조
대통령이 추기경을 알현謁見한다 하고
해외 순방 끝자리는 성당을 찾고…
전국 불교 승려대회
그게 아니고 非…를 말함이다
섣달 보름달과, 섣달 그믐달이
다른가?
산은 스스로 의연하고
물은 스스로 바다에 이른다
시비是非가 없는
조선朝鮮의 뜻을 아는가
해 뜨는 나라에서
해 저문 나라로 가려 하느냐!

49 - 12월21일

눈眼 - 癸丑

사진 속의 외손주 천진불天眞佛 맑은 눈을 마주하고 있다
친구의 간곡한 눈총을 맞고 돌아온 밤 그냥 앉아 있다
제 논에 물대기에 흑백의 강요에 술잔이 떨리는 것을 애써 천장에 눈을 두고
이럴 때 나를 속속들이 그윽하게 때론
안타까운 눈길로 바라보셨을…
천상의 할아버지, 할머니, 아버지, 어머니, 이웃…
고향 산과 내와 흙과 나무들의 눈길에게
부끄러움을…
자정에 백팔 배 참회를 하다

50 - 12월22일

툭! - 甲寅

여시아문如是我聞
"나는 이와 같이 들었다."
어머니가 주신 생일 용돈을 받아 삼십 리
읍내 서점에서 책 몇 권 사서 돌아올 때
부엌에서 국수를 삶으시던 엄마가
툭! 묻습니다.
"책만 보면 앞으로 밥은 먹고 살 수 있니."
당신의 몸을 빌려
갑오년 음력 섣달 스무사흘에 와서
오늘. 신축년 음력 섣달 스무사흘
68년, 24481일
앞으로…도… 엄마
이제껏
밥숟가락에 시가 앉았습니다.

51 - 12월23일

2. 회향

눈雪 - 乙卯

흰 눈 아래 차별이 있는가
인간을 나我로 삼으니
자연自然은 남他이 되고
단지 흰 피부로 백인白人을 나로 세우니
변방의 유색인有色人이 남이 되었다.
눈 나리는 보리밭에 서서
눈 속에 파릇한 보리 청정하여
부처와 예수의 양식이 자란다

눈 쌓여 순백의 평등한 산하
사무량심私無量心으로
눈 녹아 물로 돌아가니
바다에
능소能所가 있었는가

52 - 12월24일

상喪 - 丙辰

월악산 신륵사 다녀오는 길에
자주 찾던 덕산장 옛 주막을 찾으니 상중喪中 문 닫혔다.
주모 할머니가 돌아가셨다는 소식이다
그 주막 목로 벽에 열반하신 경봉 스님 '멍텅구리' 법문이 있어 홀로 술맛을 감칠나게 하던 노래…
"멍텅구리 멍텅구리 모두가 멍텅구리
온 곳을 모르는 그 인간이 갈 곳을 어떻게 안단 말인가 온 곳도 갈 곳도 모르누나 그것도 저것도 멍텅구리.
올 때는 빈손으로 왔으면서 갈 때는 무엇을 가져갈까 공연한 탐욕만 부리누나 그것도 저것도 멍텅구리.
백년도 못 사는 그 인생이 천만년 죽지를
않을 것처럼 끝없는 걱정을 하누나
그것도 저것도 멍텅구리.
세상에 학자라 하는 이들 동서에 모든 걸
안다하며 자기가 자기를 모르누나
그것도 저것도 멍텅구리
멍텅구리 멍텅구리 모두 모두가 멍텅구리 진공묘유 못간 그 인생이
어떻게 영생을 말하는가 끝없는 윤회만 하는구나 모두 모두가

멍텅구리."
　할머니
　한세상 멍텅구리들에게 술 파느라
　신산한 세월 이제 몸 벗었으니
　극락왕생 하소서.

53 - 12월 25일

법法 - 丁巳

산비탈 언덕에서 피해목이 될까 대웅전으로 기울어지는 나무를 벤다고
지나가는 등산객의 신고 받았다며
면직원이 가쁜 숨을 몰아쉬며 절을 올라왔습니다.
"아이구 스님이요, 또 신고가 들어 왔습니다. 왜 자꾸 불법不法을 저지르십니까?"
스님은 장작을 패던 손을 멈추고
"산중에 중이 불법佛法을 저지르는 게 일이지요."
"아, 이건 그런 법이 아니지 않습니까?"
"허허… 나는 불법을 지키고 있습니다. 쓰러지는 나무를 편하게 안락사 시켜 나무를 따듯하게 다비시키려 하는 겁니다."
"…."
"거사님, 법은 거사님 법이고, 나무에게 불법 자비를 베푸는데 걱정되어 힘들게 올라 오셨으니 차나 한잔 하십시다."
"스님 앞으론 불법으로 하지 마시고 신고 좀 하시고 하세요."
"거사님, 큰일 날 소리 하십니다. 중보고 불법을 하지 말고 신고를 누구한테 하란 말이요…"
"스님, 그 불법은 불법이 아니고…"
"거사님, 법은 머리맡에서 장작 패는 도끼날같이 위험하고, 내

가 하는 불법은…"

"……"

"거사님, 차나 한잔 드시러 갑시다."

이 광경을 보고 있던 산비둘기가 고개를 갸우뚱하다가 날아갑니다.

54 - 12월26일

고古 - 戊午

모처럼 티브이에서 삼십년 전 드라마
'전원일기'를 보고 있다.

저 때는 나도 고향에서 부모님 모시고 농사를 지었다.

아이들은 '무궁화꽃이 피었습니다.' 놀이를 하고 있다.

오늘 주제는 조상 산소 이장 문제로 아들과 갈등이다.

괴산에서 먼 충주 주덕읍 창전리 음버들 16대조 할머니 밀양 박 씨 산소를 고향 선산으로 이장하려다 포기했다.

230년 전, 그 할머니는 시집오기 전 사주만 오가고 갑자기 돌아가셨다 한다.

하여, 그 할머니 친정 마을에 산을 사서 묘를 쓰고, 위터를 장만하여 마을 분에게 관리를 맡겼고 지금껏 시제를 지내 왔다.

대대로 그 묘소를 관리하시던 후손이 묘소 관리를 포기하자 고향 선산으로 이장을 하자 했다.

할머니 산소는 마을 곁에 섬처럼 있고, 산 한가운데 할머니 산소가 있어 친정 마을과 친정집을 바라다보고 있다.

고향을 떠나 시댁을 한 번도 오지 못하고

고인이 되신 영혼인들. 친정 마을을 떠나기를 달가워하랴 싶어 이장을 포기하고 내가 손수 관리하고 있다.

나 떠나고 먼 후일 그마저 산소 관리를 하지 못해서 묵으면 그 또한 자연으로 돌아가는 일. 그뿐이다.

30년 전 '전원일기' 드라마 속 향수로, 우리의 전원일기 세대가 세월의 뒤안길로 저물어 가는 아련함이다.

55 - 12월28일

화畵 - 己未

도서관에서 책을 보다 가끔 머리와 눈의
피로를 쉬려 할 때 으레히 그림 도화圖畵를 찾아본다.

'한국에서의 학살' 합판에 유채.
1951년 파블로 피카소.

뜻밖에 피카소가 한국을 소재한 그림이
있다는 것도 신선하지만, 그림 소재가 육이오 동란의 비극을 표현하고 있다.

1950년 10월 북한의 신천 대학살. 8,000명이 희생된 비극의 상황을 그린 표현주의적인 회화란 설명이다.

그 시대에 이중섭의 '싸우는 소' 그림에는 갈라진 나라에서 형제가 싸우고.

심죽자 화가의 '어머니와 두 아들'은 남과 북을 상징하는 싸우는 두 아들을 떼어 놓고 있다.

김환기의 '피난 열차'가 있고, 장욱진의
'자동차가 있는 풍경'의 유채화가 밝다.

팔십 년대 신산한 그림에는
김봉준의 '통일해원도'
오윤의 판화 '형님' 그림 화제에는

"시름 지친 잔주름살 환히 펴고요 형님,
우라질 것 놉시다요. 도동동당당"

민중 미술의 정점이 된 6월 민주항쟁 '한열이를 살려내라' 걸
개그림의 끝은 헌법 개정과 대통령 직선제를 이끌어 냈다.

걸개그림은 절에서 영산재를 지낼 때
거는 거대한 불화에서 유래됐음이니 이미 과거와 현재와 미래
의 교감이다.

마음과 눈을 잠시 쉬려고 잡은 시간.
그림이 시도 되고 역사가 되고 있음을 본다.

56 - 12월30일

뜻 - 庚申

내 뜻대로 살 만큼 살았잖아
그걸 몰라 지금
나를 만나고 있으면서
한 살이 줄어드는 나이
섣달 그믐날 자정 눈은 나리고
영화 '로마의 휴일' 오드리 헵번
"어떻게 작별인사를 하죠?"
기자와 공주의 만남
부고訃告만을 담당하는 기자가 있었다면
기억할 단 하루
지금.

57 - 12월31일

봄 - 辛酉

남한강 목계 막희락탄 여울에
철새 백조가 겨울 잔고의 햇볕을 쓰듯
얼지 않고 흐르는 강물에 우아하다
저절로 봄은 오고 그대는
봄날 끝에 홀연 이 강을 떠나 돌아갈 게다
강물은 처음부터 바다에 이르기까지
한 몸의 노래로 흐르기에
늘 제자리로 돌아가는 길일까
'백조의 호수'
입춘 날 스스로 강물의 노래
지휘자가 되어
기쁨으로 흐르고. 기쁨으로 돌아갈
백조는
강이 곧. 길이었음을 알고 돌아갈까?

58 - 1월4일

달 - 壬戌

백자 달항아리 그림이 그냥 좋아서
카피해 머리맡 벽에 붙이고 잠든 밤
잠결에 전화기 알람이 울리는 듯하여
깨어 폰을 여니 전화기는 꺼져 있다
백자 달항아리 그림에 방이 환하다
아-하!!!
달도 외로웠구나.
정情든다는 것은…
드디어 병病든다는 것
어쩔 수 없구나
새벽 달항아리를 품에 안았습니다

59 - 1월7일

역驛 - 癸亥

동해로 가는 열차에서 내려
태백시 동백산역에서 환승한
백두대간 협곡 열차
철암역. 석포역을 지나
세평의 하늘 아래 있다는
'승부역承富驛'에 도착했다
일 분을 머물다 가는 이젠 무인역
세평의 하늘 아래 있다는
승부역.
우리나라 말로
어떤 부자가 있어 그 부를 이어갈까
목적지인 춘양으로 기차는 출발하고
창밖의 가난한 이월 산천을 바라보며
그냥 읽다가 무릎에 놓은 금강경.
승부역에서 홀로 기차에 오른 스님이
제 곁에 앉으시더니 대뜸 묻습니다.
"거사님, 금강경에서 부처님이 뭐라 하셨소?"
"예… 아, 잘 모르겠습니다…. 나我가 없다 하시기도 하고… 한 글을 알면서도 뭔지 영 가슴이 답답하게 하는 난해한 시 같습니다….”

"티브이 카메라 앞에 기사들이 그러잖소. 저는 귀성객이 붐비는 서울역사驛寺 앞에 나와 있습니다. 방금 우리도 승부驛寺를 지나왔소. 좌회전도 우회전도 모르는 기차처럼, 그저 저만 살겠다고 앞으로만 내달리며 승부를 걸듯 또 다음 역사로 가고 있소."

하고 본래 자리를 찾아가시려는 듯 일어나 다음 칸으로 가셨습니다.

나는 무심히 방금 읽은 금강경 대목을 중얼거렸습니다.

"응무소주 이생기심應無所主 而生其心한 역驛입니까. 집착없이 머무르지 않고 떠나시니…?"

60 - 1월11일

잘 - 甲子

잘 살기 위해서

새벽에 깨어 세수하고. 정안수 올리고
백팔 배 하고 자리에 앉아 명상하고.
책을 펼치고 고요 속에
그때 가끔 시 쓰고…

잘 살기 위해서

운동화 끈 조르고 새벽 별을 보고
파란 신호등을 기다리고
오늘도 오르막을 만나고
내리막도 있을 거라고…

잘 살기 위해서

그대와 점심을 함께하고
하늘 아래 벌어지는 무슨 일은 다 때가 되었음을 알아
시작할 때가 있으면 정리할 때가 있음을 석양에 지는 해로 알고…

잘 살기 위해서

안되는 때는 안되는 때로 알고
잘되는 때는 잘되는 때로 알고
철부지不知 되지 않게
봄, 여름, 가을, 겨울
때를 구분하여 옷을 입고…

잘 살기 위해서

오늘 하루 되돌아보는 마음
어디에서 예까지 왔는가?
인연의 소중함에 감사하며 누울 자리
이불離佛 펴면 부처님과 이별인지 알고…

잘 살기 위해서

눈은 보는 것이고
귀로는 듣는 것이고

코로 냄새를 맡는 것이고
입은 순한 말 하는 것이고
손은 늘 빈손이라야 다음을 잡을 수 있고
발은 땅 위에 머무름 없이 가나니…

잘 살기 위해서

늘…
나의 대표작은
다음 작품이 될 것이다

            61 - 1월14일

한 겨울 수시로 바람찬 들녘을 나가서
앙상한 나무나 마른 풀. 흰 눈 쌓인 얼음장 밑의 물고기에게
안부를 물었습니다.

괜찮냐고?

나무처럼 헐벗어 많이 갖지 않았어도.
그대로 한때를 기다리는 시간임을 압니다.

내 눈에서 마음이 먼 곳에 있지 않음을 알게 한
시안거詩安居 90일에 61편의 시에
생각과 말을 걸어본 편린片隣입니다.

신축년과 임인년 사이의 시안거에 내게 온 61편의 시는
한자 제목의 시로 온전한 목소리를 내기엔
더 깊은 묵언의 시간이 필요할 듯합니다.

더 많은 시간을 61편의 시와 함께
길을 나서야 하겠다는 하심下心을 안고
문을 닫습니다.

저 보름달이 세 번을 차고 기울며
나의 머리맡에서 졸시拙詩를 지켜보고…
봄이 옵니다.

2. 회향   173

3.
나비가 찾아와서

같이

온 인류가 잠드는 밤
같이 죽는 것
온 인류가 깨어나는 아침
같이 살아나는 것

지금

지금
보고 싶은 사람이
먼
산 같이
무겁게 앉아
바다 같이 넓은
당신을
그리워하나니.

나비

한 생을
화려한 출가
가벼운
날개로
일생
피는 꽃에
절하고
지는 꽃에
절했습니다

참회나무

만수봉 탐방로를 오르다
'참회나무' 명패 달은
나무 앞에 붙들리다
누가 처음 붙여준 이름일까
나무에게 사람이
무엇을 참회懺悔하란 말인가
이제라도
나 같은 놈
불모不毛로 정말
참회하면
나무처럼 어떻게 좀 안될까

불두화

우린 그대를 사발꽃이라 불렀다
사월 초파일 가난한 산사에 연등이 걸리고
아득한 들녘에 풋풋한 보리가 실한 몸을 흔들 때
만삭의 아낙이 배를 추스르며
실 배미 논두렁을 가래질하다
잠뱅이 걷어 올리는 장정들을
그윽한 눈길로 바라보는
햇볕만 가득한 울안에
고봉 고봉 배가 부른
사발꽃

충청도 내륙에서는 불두화를 사발꽃이라고도 부른다. 보릿고개를 넘기며 바라보는 꽃에서 고봉으로 담긴 흰 쌀밥을 연상케 한다.

입동立冬

저 숲에
무우수無憂樹가
내게로 보내오는
늦가을 편지
내일이 오늘이 되어
오는 것을 받아야 한다
나는 이제
일생 한번 가 보고 싶은
눈 내리는 시베리아
자작나무 숲
숫눈을 밟고 싶다는
조바심이 일기 시작한다
立冬에는…

문 닫습니다

올 한 해도 고마웠습니다
신축년 소의 해
산천미술관 꽃 잔치 전시회는
들국화와 억새와 단풍을 끝으로
문을 닫습니다
그동안 즐거웠습니다, 이제
겨울의 큐레이터가
저 하늘 어딘가에
검은 것도 하얗게 묻혀 갈
눈부시게 공평한 나라
설국雪國 전시회를 준비하고 있을 겁니다
어느 날
그대 잠든 새벽의 안마당에
"눈 왔다!"
숫눈을 밟고 그대에게 가겠습니다.
임인년 호랑이해
이 땅에 또다시 봄이 오면
산천미술관은 처음
까치꽃을 시작으로
문을 열겠습니다

나두

나두
구름으로라도 가서…
충주 중앙탑
경주 불국사 석가탑 다보탑
월악산 골미골 사자빈신사지석탑
설악산 봉정사 사리탑
월정사 마당에 팔각 구층탑
태백산 정암사 수마노탑
영취산 통도사 진신 사리탑
구례 화엄사 효대 사자삼층석탑
속리산 큰 마당에 팔상전
여주 여강 노을에 나웅 스님 탑
남원 실상사 다리 끝 석장승
화순 운주사 누운 부부 부처에
신명 난 천진 불탑
운문사 소나무에 막걸리 스무 말 드실 때
나두
구름으로라도 가서…

홍시

그 스님이 출가를 위해
"저 갑니다"
하고 걸망을 지고 나서자
야속한 자식을 향해 문 어귀에 기대어
황망하게 허공을 바라보며
어머니는 경상도 말로
"마! 가나?"
한 마디였다
그때 뒤란에 홍시가 툭 떨어졌다
조심조심 긴 장대로 익은 감을 따며
그 스님, 내게
"마! 오나?"
한 마디뿐이다

행선行禪

25km 행선을 위해 길을 나서니
새벽 안개가 몽환적이다
오늘은 오로지 걷고 걷자
먼 속리산에서 발원하여
속세를 떠나 내륙의 심장
사람의 가슴으로 흐르는
달래강의 오누이 전설을 따라서…
홀로 말을 잊은
말과 말 사이 묵언默言
그 자리만이 진정한 말의 자리다
머리에는 실체가 없는 망상 덩어리가
하늘의 구름처럼 따라나서고
강기슭 저만치에서 나를 맞아 주는
들국화 무더기 앞에서 차라리
잠시 벌나비 되어 앉았다
낮은 곳으로만 흐르는 물처럼
예술은 말이 필요 없는
시작과 끝의 결과물
그 작품이 본래 자기 모습이니

계절의 모퉁이에서 이제
막차에서 내린 손님
들국화
기어이 그를 만나 악수하고
기어이 그와 또 이별하고
돌아온 하루
그 일뿐이었네

꽃무릇

요즘

꽃무릇이

눈을 부비며

"밥, 값은 하고 살았느냐?"

묻고 있습니다

그의 곁에 밥값을 받을

그릇

꽃잎조차 없습니다

어제라는 버스표는 없습니다

우리는 그를 '상사화'라 합니다.

절 2

아들의 손잡고 월악산 덕주사를 처음 오를 때 아들이 다리 아프다며 칭얼댑니다
"다리 아퍼, 다리 아퍼"
"어허, 다리가 아픈 게 아니라
길이 아픈거다."
아들은 그때부터
"길 아퍼, 길 아퍼" 하며
따라옵니다
지나는 등산객들은
"길 아퍼, 길 아퍼" 하며 따라오는 아들에게 고개를 갸우뚱합니다
대웅전 부처님께 절을 올리는 나를 따라 절을 하며
"아빠, 절은 왜 자꾸 하는 겨?"
"절에 왔으니 절하는 거다."
그날 아들과 함께 월남* 큰스님 친견하고 삼배를 하니 아들도 따라 절을 했습니다
큰스님 빙그레 웃으시며 주섬주섬 일어나 다락방에서 세종대왕 빳빳한 한 장을 꺼내 와 아들 손에 쥐어줬습니다

그러자 아들은 세종대왕을 손에 받고 그냥 시키지도 않은 절을 자꾸 했습니다

* 월남 스님은 금오 스님 상좌로 선승이셨다. 월악산 덕주사 주지로 주석하실 때 자주 친견했다. 1990년 법주사에서 입적하셨다.

고추잠자리

적당한 그리움과 기다림을
알게 한 여름날의 연꽃이 홀연
연못을 떠났습니다
지고지순하게 처음부터 함께 한
연밥이 덩그렇게 남아 떠난 임을 그리워하듯
작은 바람에도 아픈 몸을 흔듭니다
그 아픔을 아랑곳없이 낯선 손님이 마실 와
연밥에 앉아 가을을 부르고 있습니다
고추잠자리입니다

강아지풀

태백산 정암사 수마노탑
부처님 진신 사리탑에
백팔 배 절을 하다
깨물어진 하늘을 올려다보니
작년에도 왔던
요요 강아지풀이
올해도 수마노탑
기단에 턱 하니 앉아
내 절을 받고 있습니다.
요요 강아지 꼬리를 흔들며
부처님 도반같이 앉아서
찾아오는 이들의
고구정령苦口丁寧한 절을 받으며
뭣하러들 오셨는가?
요요 꼬리를 흔들고 있습니다

저 짓

호암지를 산책하다
떨어진 땡감을 무심코
호수에 던졌습니다
한참 후
먹잇감을 좇아
파문으로 고기가 몰려듭니다
고기들 입질에 땡감은 두둥실 호강을 합니다
낮달이 걸린 서녘
호수의 달도
수수만년
저 짓!
물어뜯긴 상처로
반달로 남은 걸까?

민채야!

'생일'이란 말은
인류의
사투리 아닐까
누구나
알게 모르게
다른 언어로
살아 있는
매일의
소금처럼…

나비가 찾아와서

오늘은 꽃들도
일찍 잠들게 하는
저녁비가 추적이네
단오절에
꽃비를 피해
일생 아방궁에서 잠드는
나비처럼
나도
그리할까

밤꽃 필 때

인생이란
이 깊은 병은
단오 무렵
그대와
밤꽃
향기 짙은
그늘에 앉아
보리 환갑의
들녘을 바라보며
술 한 잔 권하면
금방 낳을 병이었으면
참
좋겠다

어머니 왈

"불알 찬 사내는 눈 뜨고
해 뜨면 갈 데가 있어야 하는 겨
해가 날마다 서쪽으로 가고
삼월 삼짇날 돌아온 제비도
처마에 부지런히
집을 짓지 않느냐."
키 큰 오빠 아카시아 꽃과
키 작은 막내 여동생 찔레꽃이
정겹게 깨어 눈을 부비는
새벽
오늘도 좋은 날입니다

떼쓰시는구나!

아하!
그날로 돌아가고 싶은
5월 5일 아침
떼쓰시는구나
졸업장도 받은 적 없다고
9학년 9반
할아버지까지…

4월 30일

잃어버리고 싶지 않은 우산을
비 그치면 어딘가에
아차, 놓아버리고
지금 흩비보다 섦게
혼자 울고 있을
그대
오늘 같은
사월도 끝날 자정
하마,

보름 새벽

보이지 않는
무명의
적멸
새벽
아기별이
큰
달항아리
품에
꽃잠 들었다

제비, 집

세상 살기는 저렇게
큰 염치면
사람도 어쩔 수 없을 듯합니다
날개로 하늘의 길을 내며
하늘과 사람의 교감交感을 전한다는
전령사라는 새
허나 그는 태생으로
숲의 나무나 들에 집을 짓고 살 마음
그는 애시당초 생각 없는 듯합니다
사람과 하늘의 경계를 넘나들며
우주에 한철 동등하게 살자고
막무가내로
사람의 집 속에 집을
처마에 지을 테지요
마… 월세나, 전세는…
그딴 건 가당치도 않은 인간의 놀음
뭐 내 집, 등기해달라는 거 아니잖아요
그렇게 까만 별 아래
사람과 함께 눈뜨고 잠드는

제비 공

착하게 살라는 흥부처럼
박씨 한 톨로 부자 된
현생의 빚 갚을까 고민하는
착한 백성들의 지붕에
박씨 물어 온 제비가 돌아 올
봄꿈이 깊습니다

벚나무

옹알이하는 손녀를 등에 업고
동구 밖 정자로 마실 나온 엄마는
앞산에 벚꽃이 무덕무덕
피어난 꽃을 바라보시며
"저 벚나무 한 살림 예쁘게 차렸네" 하셨다
벚나무는 산새들이 벚나무 열매를 먹고
이 산 저 산 옮겨 다니며
똥 한번 잘 놓은 자리에
'버찌'가 자라서 한 살림 차린 거라 했다
여자가 시집가 잘 산다는 소식을
먼 산 너머 친정에 보내는
봄날 한 소식 전해주는 거라 했다

목련, 비

지지 않는 꽃 없으니
火定에 들었네
그치지 않는 비 없으니
꽃! 불을 끄네

목련에게

꽃 중에 꽃
연꽃, 물에 살며
그래도 새봄
섭섭하지 않게
슬하에 의붓자식 같은
꽃 하나쯤 있어야 하지 않겠나
싶어, 내 지상에
나무의 몸을 빌려
심청이 마음 하나로
목련木蓮 등을 달았느니
오늘이
심봉사 눈 뜨는
봄날이라
생각하라

헌책방에서

도서관엘 가다
갑자기 내리는 비를 피해 늘 지나쳐 가던
길목에 헌책방을 뜻 없이 들어섰다
한때
누군가의 부푼 가슴에 꿈으로 안겼을
새 책이었다가
이제 부지하세월
누군가의 품으로 돌아갈 때를 기다리는
소박맞고 되돌아온 친정집
파장에
내리는 작달비 같은 한때
저 헌책 속에
시와 그림과 음악이 철학이
모래사막을 헤매는 호랑이다
어지간히 흘러온 내 생도
헌책방에 볼모가 된 헌책으로
어깨를 나란히 견주고 있다

오월 초하루, 하지夏至

대한민국 충청북도 괴산군 불정면 추산리
폐교가 된 모교 추산국민학교 교정
느티나무 그늘에 앉았습니다
하지의 불볕에 망연히 동무들의 모습들
까까머리, 단발머리가 붕붕 소란합니다
오랜 세월 비바람 눈보라에 우리들 발자국이 지워진 자리에
망촛대 토끼풀들의 하얀 매무새가 밝은 볕 아래 맑습니다
개미가 신도시 난개발하듯 넓은 운동장에 무수히 집을 짓고
제비가 낮게 날고 있습니다
문득 눈길을 잡는 움직임이 있습니다
우리들 까르르한 웃음을 주름 속 깊이 새겨진 느티나무에
자벌레가 정확한 몸짓을 합니다
그는 홀로 늙어가는 느티나무
둘레를, 큰 키를
언제부터 꼼꼼히 재고 있었던 걸까요?
아하!
마침내 아무것도 아닌 게, 게으르게 돌아온
내 삶의 뒤안길도 재 보려나 봅니다
자벌레가 막 느티나무를 내려오며 가장 길게 드리운
긴긴 그림자를 밟고 내게로 바쁘게 오고 있습니다

적당히

조물조물
엄마가 묻혀 내시는
봄동
겉절이는
세상만사가
많고 적고 그렇듯
'적당히'가
살아가는 일생의
양념이었습니다.

가문비나무

우리가 부둥켜 잡았던 손만 뿌리처럼 놓지 않는다면

눈 속에 푸르게 봄을 키우는
보리처럼 살 수 있으리

가끔 새벽별을 헤아리듯 손꼽아 보니

동산으로 옮겨 간 100살의
아버지와
99살의 어머니가

내 머리를 짚어 주는 새벽
여기까지인 것일까

그대가 보고 싶다
누구에게도 그대가 되었던
시간과

누구에게도 그리움의 편지가 되어 꽃으로 찾아갔던
하여 연극 속에, 영화 속에, 한 컷의 배역

우리도 지나가는 사람

오늘도 비가 오는 곳에
우산을 받쳐 들고

언제고 기다림의 끝에
서 있을 것 같은

'그대'

'가문비나무'

옹달샘

"당신은 우주에서 참 자비慈悲로우신 부자富者이십니다."

새벽에 깨어 한 모금 마시고 싶은, 지금은 없어진 고향 안산 밑에 있던 옹달샘을 떠올려 보고 쓴 짧은 시입니다.
사람에게는 누구에게나 큰 재물이 있으니 서로의 관계에서 아낌없이 줄 수 있는 참 '마음' 하나뿐입니다.

까치꽃

어디선가 쫓겨 와 숨은 듯
햇살 맑은 언덕에
낮게 몸을 숨겨
눈길 붙잡는
연보랏빛 까치꽃
겨울을 털고 나선
첫 들녘에
가슴에 살아 있는 깊은 사람
이제나 그제나
겨우내 가슴 졸인
그 소식 안고
그대 오셨는가?
두근두근
꽃잎에 귀 열고
소식을 물어보네

와蛙, 선생에게

들녘에서 당신을 만날 때 기쁘다
나도 당신처럼 살자 했으나
진실로 용감하지 못했다.
일생 부모의 유언을 망각한
황망함을…
어쩌지 못해 불경한 눈으로
눈물 많은 세상 굴려 보다
초탈한 몸
방향이 잘못된 것을 탓하지 않고
용감하게 오체투지五體投地 하고 보는
와…선생
일생 펄펄한 기백이 부럽다

봄바람

그때,
일생
옷고름을 여미는
바람이었나
옷고름을 푸는
바람이었나

우수雨水

속리산에서 발원하는
달래강 삼백 리
강을 따라 종주하며
때론 건너야 할 얼어붙은
겨울 강을 믿을 수 없어
큰 돌 던져 보고
건너온 겨울
그때 얼음 위에 두고 온
큰 돌이
겨우내 선정으로 깊은 돌부처 되었다가
오늘쯤 해동하는 얼음 위에서
뽀글뽀글 게송偈頌을 남기고
저 광활한 물밑 우주 속으로
열반涅槃에 드실까
우수雨水 무렵에는

괜찮니?

"괜찮니?"
하고 물어 오시던
동사나 형용사만 있는
어머님 목소리가 그립다
설날 새벽
고향에 오지 못한 아들에게
저 하늘에서
쌀눈처럼 풀풀 나리며
하얀 머리칼에 쌓이는 근심을
털어주시던
새벽 전화
"괜찮니?"
하고 물어 오시던
어머님의 말씀이 그립다

목어 木魚

큰스님께서
허둥지둥 신고를 받고 절에 올라온 면 산림계 직원을
아무 일 없었다는 듯
정중하게 합장을 하시며 맞이하고 있습니다.

"스님, 또 신고가 들어왔어요.
나무를 베어서, 아니 왜 자꾸 불법不法을 저지르십니까?"

"뭔 소린지요
절에 사는 중이니까,
오로지 불법佛法을 지키는 겁니다."

잠들지 않는 노을 바다에 눈이 짓무른 목어에 앉아 있던 산비둘기가 고개를 갸우뚱하며

"구구~~구구"

참견을 합니다

착한 인연

　가을 김장을 담그려 사온 배추에 배춧잎을 붙잡고 있는 달팽이가 따라왔단다

　그 달팽이를 베란다 우거지 배춧잎에 놓아두고 갈 데까지 가보자 했단다

　동지 지나고 함께 새해를 맞고, 소한 대한을 지나도록 동거가 길어졌다 했다

　그녀는 배춧잎과 상추를 번갈아 주며 한층 몸집이 커진 달팽이 사진을 보내온다

　달팽이는 온몸이 집이니
　어느 곳으로 몸을 옮겨도 거룩한 공사다

　달팽이와 그녀의 알콩달콩 동거로 겨울은 세상 밖에 따듯할 테다

　눈 뜨면 배춧잎 거친 줄기를 갉고 있는 달팽이에게 묻곤 한단다

　우린 뭐냐!

구색 具色

잔이 돌고
세월은 자꾸 거슬러 올라
세상 만남의 끝이 오늘만 같아라
간이 맷방석만큼이나 커진 옆자리 짝이었던
영자가 푸념한다
"얘, 그래도 넌 어엿하게 한자리할 줄 알았다
이 촌동네에서 시나 쓴다고, 듣자 하니 마누라 고생이겠다"
"얘 그런 소리 하지 마라
동창 중에 명색 시인 하나 있으면 具色이 좋잖아"
"그래, 시인 조오치! 부도날 일 없고…"
회사가 망한 착한 벗의 푸념에
일상의 조여진 넥타이는 구겨져 풀리고
모퉁이를 돌아서는 담장 감나무 위
십이월의 하현달이 산마루에 잦아들어
있는 듯 없는 듯 저 달도
세상의 具色으로
떠 있는 것일까?

첫 닭이 울어

지금 쓰지 않으면 안 될 것 같아
그들이 어떻게 사는지 전혀 궁금하지 않다가도
어김없이 새벽에는
'힘을 덜은 곳이 힘을 얻을 곳이요
생력처省力處가 득력처得力處
힘을 얻을 곳이 힘을 덜 곳이라
득력처得力處가 생력처省力處'
대혜大慧 종고宗杲 선사禪師의 서장書狀 말씀이 아니라 해도
날 찾아 올 누군가를 기다리지 않아도
이 땅에 첫 닭은
고귀위高貴位! 고기오… 꼬끼오!
날마다 고귀한 사람이 온다고
깨어 있으라!
새벽 별을 쪼아
목이 메는
닭 울음을 듣습니다

나이 먹은 비

시방十方
추적이며 내리는
찬 겨울비를
나이 먹은 비
그리움의 눈물이라 하자
하여, 투정으로라도
그대가 그립다.
지난여름
붉은 장미가 거친 소나기 끝에
꽃잎을 가시에 걸 때
엉클하게 가시만 남을
가을이 두려웠다
검은 아스팔트에
'반짝! 반짝'이며
빗물도 지상에 닿을 때
빗방울로 울고 있다는 걸…
그대를 못 잊은
나이 먹은
비의 눈물이라는 걸…

애기 단풍

어쩔 수 없어
내미는 손을 잡으며
'예쁘다'라는
말을, 이제
이별의 말로
하긴 하지만
애기야!
돌아가는 길은 아니?

도방하 都放下

금봉산 석종사 일주문 앞
내려놓으시라는
'도방하 都放下'
큰 신장이 섰습니다
그 신장님 머리에
산비둘기가 앉아
구~구… 구~구 묻습니다
"뭣 하러 오시는가?"
저도,
"구구단쯤은 압니다만…."
아직도 그대처럼
순順하게 타인의 말에 자주
고개를 끄덕여 주지 못했음을
참회합니다

그 자리

마을 공동 우물인 두레박 샘
유년 시절 처음 혼자 놀러 가서
까치발을 들고 겨우 목을 빼고 내려다본 검은 우물
우물 속에는 한 아이가 나를 보고 있었다
나는 무서워 얼른 까치발을 내렸다
또다시 살며시 발을 들어, 내려다본 우물 속
그 아이가 똑같이 나를 보고 있었다
사람들은 물을 길어가고 빨래를 하면서도
샘 속에 아이가 있다는 것을 모르는 것 같았다
나는 그날 이후 그 샘에 가지 못했다
어느 날 그 두레박 샘이 펌프 샘으로 바뀌었다
나는 우물 속에 그 아이가 그냥 샘 속에 묻혔다 생각했다
나는 두고두고 나만이 아는 공포로 그 아이가 묻혀있을 샘가에 가지 못했다
샘가에 홍시가 붉게 익어 떨어져도 감나무를 바라보기만 했다
그 자리
우물가에 가을의 전설을 기억하는
늙은 감나무
올해도 붉은 홍시가 익어가고 있다

매미에게 답을 쓰다

늘 그게 무슨 노래인지 몰랐으나
귀는 열어 놓았다

이 땅에는 부지런히 때를 알아 오고 가는 들꽃처럼
그냥 들꽃을 지나치는 사람처럼

한철 그의 노래에 행간을 헤아려야 하는
귀가 무거웠다

백중 지나고 가늘게 이어지는
그의 쉰 노래의 행간에 바람이 있었다

귓가에 서늘한 바람이 지나며
노래는 잦아들고.

한층 높아진 구름 아래서
그의 노래를 듣다가 나무에
제 옷 한 벌 슬쩍 걸쳐 놓았다.

생에 눈물겨운 노래의 기억
그가 떠난 나무에
허물의 옷 한 벌 걸려 있었다

일상에 늘 흥겹지는 않았어도
그의 울음이 깊었던 노래

그가 떠나고 다시 돌아와
나무에게 노래를 불러줄 때까지.

내 귀는 한동안 적적하여
노래를 잃을 듯하다

그냥 사는 거다

나무와 풀이 나서 자라는데 아무런 이유 없고
나비가 꽃을 찾아가는데 이유가 있으리오
그냥 사는 거다

계절의 여왕 장미꽃도 열흘이면 지고
백일을 피고 지는 백일홍도 결국 저문다
그냥 사는 거다

삶은 그저 그러려니 하고 안고 가는 보살행이다
동구 밖에 노거수나 키 작은 풀꽃이나
나무는 나무로 살고
꽃은 꽃으로 살고 있다

기실, 거룩한 생은
꿈속에 꿈이다
그냥 사는 거다

나의 생이 거룩한 삶으로 온 거다
나무와 꽃들은 일생 한자리에서 의연하고 향기롭다

낮은 곳으로 흐르는 물이 바다에 이른다
그냥 사는 거다

콩 살림하라

큰스님께서 법회에서 콩 얘기를 하십니다

콩을 밭에 심으면 콩은 어디 가고
여름내 무성하게 콩대라는 풀이 자랍니다
콩은 어디로 간 것입니까

뜨거운 햇볕에 자란 콩대에 꽃이 피고 서늘한 바람 타고 콩꽃이 지며 콩이 열립니다
 그 콩은 어디에 있다가 왔습니까?

어찌 그 모습 잃지 않고 콩 심은 데
콩으로 돌아옵니다

우리는 어디서 와서 어느 곳으로 돌아갑니까
돌아갔다가 콩같이 돌아올 수 있겠습니까

서녘에 제비가 노을빛을 낮게 날으며
먼 비행 준비합니다

그들은 돌아왔으니 돌아갈
준비하고 있습니다

날마다 제비처럼 살면서 지친 날개로
왜 돌아가려 하는 걸까…

고향(괴산)에서 아우가 콩 농사를 거하게 합니다. 아우는 웃자란 콩 순을 예초기로 자르고 있었습니다. 그 머리 위를 제비가 날고 있습니다.

왕족발

큰돈 내고 막걸리 한 병 사고 거스름돈만 받기 미안해 즉석복권 한 장을 덤처럼 사 들고 귀가하며 잠시 대박을 상상한다

하늘에는 우리의 통화를 엿들은 별들의 귀가 밝다

막걸리 안주로 앉은 왕족발
일체의 몸을 보시하고 족발만 따로 오롯한 대면이다

가지 않아야 할 길이 따로 있으랴
함께 구름이 되고 비가 되어 젖은 길

어쩜 살아갈수록 누구를 사랑한다는 것은
저 하늘에 베갯머리 끝 북두칠성 별자리 같은 사람

오늘 그대가 돌아온 길
안부를,
왕족발에게 물을 수 없음이네

心심

고즈넉한 산사의 채마전에
고추 가지 오이 상추 아욱 호박…
심다가

허리 펴며 손 얹고 바라보는
청산

물오르는 산색이
봄바람에
부드러운 허리를 비트네

청산을 빗겨 나는
산꿩이
꿩! 꿩!
묻네?

"네 마음은 어디에 심었느냐!"

코로나

경자년 봄날
일없이
때를 알고 돌아와
한 살림 시작하는
나무와 꽃과 나비
앞에
우리는
이렇게
마스크 두 개에
허둥지둥
사람이 뭐냐!

죽도암

소나무는 귀가 맑으시다
파도 소리가 매일 귀를 씻어드리니

죽도암
대나무는 허리가 곧으시다
거센 해풍이 자꾸 허리를 곧추세워드리니까

죽도암
관세음보살님은 탈속하시다
떠오르는 해도 파리한 낮달도 잡지 않으시니까

꼭

그대
맑은 눈을 마주하고
꼭! 이란 말을
되뇌이면
입에서 약속처럼
향기로운
꽃이 핀다
꼬옥~ 꼭!~ 꽃!

일생 누구한테 꼭!이란 다짐을 하지 못했다.
오늘이 1955년 1월 16일 생이니 양력 생일이다 음력은 1954년 12월 23일이다.
날짜로는 23011째 되는 날이다.
통재로다 동지섣달 꽃이 있으랴.
그냥 입으로 하면 꼭!이라 하면 꽃이… 핀다.
오늘 서울 무학재 산기슭에서 당숙의 빈소에서 아침을 맞는다.

4.
구름밭을 지나며

찔레꽃 10

사랑하는 아내가 요절하자 세속의 인연을 끊고 입산한 스님이 있었습니다.

스님은 그래도 사랑하는 아내를 잊을 수 없어 아내의 옷 한 벌을 숨겨서 절에 들어왔습니다.

스님이 여인의 옷을 바랑 깊숙한 곳에 숨겨 넣고 다닌다는 것은 상상도 할 수 없는 일이었습니다

스님은 동안거를 끝내고 해제하면 바랑을 메고 만행하다 찔레꽃 필 무렵

아내의 기일이 돌아오면 인적 없는 계곡에 화사하게 핀 찔레꽃에 아내의 옷을 걸어 놓고 홀로 곡차를 마셨다 합니다

그렇게 공부하여 고승이 된
어느 해 봄날

화사한 찔레꽃에 스님의 빈 바랑만 덩그렇게 걸려있고
스님의 모습은 다시는 볼 수 없었습니다

- 졸시 '찔레꽃' 전문

찔레꽃이 피고 있다.
먼 산에서 뻐꾸기 울음 따라 찔레꽃이 무덕무덕 피어난다.
푸른 하늘 높게 하얗게 흔들리는 꽃은 아카시아 꽃이다.
가까운 낮은 언덕에 하얗게 무더기를 이룬 해맑은 꽃은 찔레꽃이다.
내가 제일 좋아하는 소박한 꽃이다.
걷기 좋은 이맘때면 걸으면서 찔레꽃을 소재로 한 노래를 절로 자주 즐겨 흥얼거린다.
백난아의 1940년대 '찔레꽃'은

'찔레꽃 붉게 피는 남쪽나라 내 고향 언덕 위에 초가삼칸 그립습니다……'

남인수의 1954년 '고향은 내 사랑'에는

'찔레꽃이 피어있네 고향에 두고 온 꿈속에 날 잘 가오 잘 있소…'

이연실이 부른 찔레꽃은 재야 운동권에서 즐겨 부른 노래는

1920년대 이태선 선생님의 동시 '가을 밤'을 박태선 님이 붙인 곡을 개사해서 부른 곡이다.

　'엄마 일 가는 길에 하얀 찔레꽃 찔레꽃 하얀꽃은 맛도 좋더니 배고플 때 한잎 두잎 따 먹었다오…'

가장 실감나는 노래다 그 찔레꽃 순을 꺾어 먹던 유년의 기억이 삼삼하다.
최 근래에 찔레꽃 한 곡으로 화려하게 등장한 소리꾼이 있으니 2000년대에 장사익이 부른 찔레꽃은 장사익 특유의 고음으로 대중가요와 민요의 중간되는 소리성의 국악가요로 내가 찔레꽃으로는 가장 애창하는 곡이다.

　'하얀 꽃 찔레꽃 순박한 꽃 찔레꽃
　별처럼 슬픈 찔레꽃
　달처럼 서러운 찔레꽃…'

대개 찔레꽃은 고향의 향수와 연인을 그리워하는 내용의 정서가 주다.
찔레꽃이 피면 일 년에 한번 연례행사로 찾아가는 산소가 있다.
13대조祖 할머니 산소다.
충주시 주덕면 창전리 음버들이다.
밀양박씨 할머니는 13대조 할아버지와 혼인을 위하여 날을 잡고 사주만 오갔으나 할머니가 갑자기 돌아가셨다.

할아버지와 할머니는 생전에 얼굴을 서로 본 적도 없다.

그래도 사주가 오갔으니 내 집 며느리라 하여 돌아가신 할머니가 사시던 친정 마을에 산을 사서 산소를 쓰고 위터를 마련해 관리해 온 산소다. 180년 전 일이다.

이제 내가 문중 대표로 산소도 살필 겸 제사가 이맘때라 찾아가면 혼자 차지한 동산의 커다란 무덤가에는 찔레꽃이 지천이다.

시집도 못 오고 신랑 이름이나 겨우 알았을 열세 살에 죽음을 맞이한 할머니였으니 참으로 애통한 일이다.

열세 살의 앳된 신부의 얼굴이 찔레꽃에 화사하게 살아난다.

찔레 순을 꺾어 씹어본다.

어릴 적 많이 먹어 본 맛이 새롭다. 뻐꾸기가 운다.

찔레꽃이 피는 이맘때가 만화방창이다.

뻐꾸기가 울고 여느 집 담장에는 수국, 우리는 사발꽃이라 부른 꽃이 고봉고봉으로 피어 있다. 들녘에는 살 오른 보리가 흔들리고 속을 감춘 감자꽃이 피어나기 시작한다.

감자꽃을 어른들은 '헛꽃'이라 불렀다.

아마 감자알이 굵어지는데 쓸데없는 영양분을 뺏기니 그렇게 부르고 감자꽃을 잘라 버리기도 한다.

농사지을 때 무엇보다 즐거운 것은 모심기 전 하루 일손을 놓고 마을 사람들이 모두 모여 강변에 채알을 치고 하루 천렵하는 날이다.

그날 강변에서 으레 불리는 노래가 찔레꽃이었다.

'찔레꽃 붉게 피는 남쪽 나라 내 고향…'

반세기 전 오월의 들녘이 삼삼하다.

흔들리는 보리와 밀과 감자 꽃이 어우러지고

산그늘에 뻐꾸기 울음과 보리밭의 종달새 노래

모내기를 할 논에서 우는 개구리들의 합창과 고요한 달빛이 쏟아지는 고향들녘이 삼삼한 밤이다.

2022년 봄 찔레꽃을 바라보며 코로나 이후 내 몸, 머리가 어이없어 옛날에 쓴 글이나 정리하려 옛 글을 보다.

정직한 고을 의성 마늘 밭에서

기차에서 내렸다.

경북 의성역이다.

마늘의 고장 의성이다.

지방자치제가 자리 잡아가면서 그 지방을 대표하는 특산품이나 명소, 또는 그곳 출신의 명인을 딴 축제가 전국적으로 일상화 됐다.

의성에도 가을에는 마늘 축제가 열리고 있다.

오늘은 마늘의 고장이요, 대한불교 조계종 18교구 본사 '고운사' 절을 가기 위해 의성을 왔다.

몇 년 전부터 길을 나서면서 전국 조계종 교구 본사 절을 순례하기로 했다.

그 사이 바레인에서 열린 제42차 유네스코 세계문화유산위원회는 '산사' 한국의 산지승원이라는 이름으로 이미 등재된 경주 불국사와 합천 해인사 외에 새롭게 통도사, 부석사, 법주사, 선암사, 마곡사, 대흥사, 봉정사 등 7곳을 세계유산으로 등재했다.

그 산사가 대부분 교구 본사이기도 하다.

그중 오늘은 18교구 본사 고운사를 가기 위해 의성에서 기차를 내렸다.

산천의 오월 언덕에 하얀 찔레꽃과 맑은 하늘 구름 사이 향기롭게 높게 흔들리는 아카시아 꽃이 선경이다.

고운사로 향하는 길에 버스를 내려 한창 자라는 마늘밭 들녘을 걸어서 가고 있다.

의성 하면 마늘이니 들녘 논밭에 푸르른 것은 거개가 마늘밭이다.

마늘은 한 쪽을 심으면 육 쪽 마늘이 탄생하니 농사 중에서 수확 예측을 할 수 있는 정직한 농사다.

나만의 연상일까 의성을 오면서 마늘을 생각하면 컬링 경기의 스톤을 연관 지어 생각하게 된다.

평창 동계올림픽 때 '컬링'이란 생소한 종목의 경기에서 "영미야"로 국민의 귀를 흔들던 그 여성 선수들이 모두 이곳 의성 출신이요, 공교롭게도 구성된 컬링팀 선수가 모두 김씨 성을 지닌 순박하게 맑은 아가씨들이었다.

그 종목에서 비록 결승전에서 패해 은메달에 머물렀으나 그 감동은 한 겨울 또 한 번 스포츠를 통해 국민들에게 큰 감동을 주었다.

김씨 성 중에 의성을 본관으로 하는 의성 김씨가 있는데 혹여 의성 출신 선수들이니 그 의성 김씨 후손은 아닐까도 싶다.

의성 김씨인 학봉 김성일의 종택을 안동 봉정사 가는 길에 들른 적이 있다.

임진란이 일어나기 전 일본 정찰을 위해 다녀왔던 그 인물이다.

퇴계의 문하생이요, 임금 앞에 직언을 서슴지 않았고, 사람들은 그를 대궐의 호랑이라 불렀다.

오래전 어느 책에서 본 학봉의 일화가 생각난다.

김성일이 사간원 정언正言(정6품 벼슬)으로 있을 때 선조가 경연장에서 물었다.

"경들은 나를 어느 임금과 비교할 수 있는가?"

한 신하가 요순堯舜 같은 임금이라 답하자 학봉이 말했다.

"요순도 될 수 있고 걸주도 될 수 있습니다."

선조가 물었다.

"요순과 걸주가 비슷한가?"

김성일이 말했다.

"능히 생각하면 성인이 되고 생각지 않으면 미치광이가 됩니다. 전하께서는 타고난 성품이 총명하시니 요순 같은 성군이 되는 것은 어렵지 않습니다. 그러나 스스로 성인인 척하고 간언諫言을 거절하는 병통이 있으시니 걸주 같은 포악한 군주가 망한 까닭이 아니겠습니까?"

임금은 안색이 변했고 신하들은 벌벌 떨었다.

그때 유성룡이 나섰다.

"요순이라고 한 것은 임금을 인도하는 말이고 걸주에 비유한 것은 경계하는 말이니 둘 다 임금을 사랑하는 말입니다."

그제야 선조 임금도 노여움을 풀며 신하들에게 술을 따라 주었다고 한다.

그런 김성일이 평생에 걸쳐 얻은 한마디는 "내 잘못을 말하는 자가 나의 스승이고, 내게 좋게 말하는 자는 나의 적이다."였다.

칭찬은 고래도 춤추게 한다지만 칭찬에 중독되면 과대망상 자기도취에 빠지게 된다.

　나를 힘들게 하는 사람, 나의 잘못을 말해 주는 사람이 나를 성장케 하고 나를 돌아보게 한다.

　낯선 의성의 들녘 광활한 마늘밭 밭두렁을 거닐고 있다.

　지금 저 땅 속에는 스톤의 생김새와 비슷한 마늘이 한 쪽이 자라서 육 쪽으로 몸집을 불리고 있을게다.

　'마늘과 스톤'. 하여 그 정기라도 받은 것일까?

　그녀들을 생각하면 흐뭇한 미소가 저절로 맴돈다.

　우리의 단군 신화 속 조상, 곰이 사람으로 환생하기 위해서 백일 동안 먹은 음식도 마늘이라 하니, 어쨌거나 마늘은 우리 민족과 함께해 온 음식이라 하겠다.

　나도 마늘에 대한 씁쓸한 기억을 갖고 있다.

　45년 전 군에서 첫 휴가를 봄에 나오니 어찌 된 영문인지 고향의 넓은 들녘 논마다 마늘을 다 심어 놓았다.

　나는 의아해했다. 저 많은 마늘씨는 어디서 갑자기 났으며 온통 들녘의 이웃 논에도 너나 할 것 없이 마늘밭이었다.

　아버지께 여쭈어 보니 나라에서 특별히 권장해서 파종하게 됐고, 마늘은 씨 값의 투자가 많이 드는 작물인데 농협에서 종잣돈을 쉽게 대출까지 해 주니 너도 나도 마늘을 심었다 했다.

　후일에 알게 된 일로 그때 그 마늘은 중국에서 수출 대환 물품으로 받은 마늘을 처치하기 위한 고육책에 농민이 이용당한 것이었다.

　그렇게 너도 나도 심은 마늘은 수확 때가 되어 과잉 생산된 마늘 값은 폭락하고 수확하는 인건비도 안 나왔다 했다.

군대에서도 끼니때마다 며칠 간장에 절임으로 담갔다 꺼낸 듯 푸르딩딩한 마늘이 때마다 한 주먹씩 나왔다.

수확한 마늘은 처치 곤란으로 버려졌고 대출받은 마늘 종잣값은 내가 제대하고 농사를 지으며 삼 년을 두고 갚았다.

그때도 그렇지만 내 고향은 마늘 농사가 잘 되지 않는 토질이다.

마늘은 석회질이 많은 토양에서 잘 자라는데 내 고향은 물 빠짐이 좋은 모래땅으로 마늘과는 맞지 않는 토양이다.

의성 땅 봄바람에 마늘쫑이 쫑긋하게 세운 촉의 잎새가 봄볕에 싱그럽다

싱그러운 마늘 들녘 어디에선가 그 평창의 산촌에서 당당하게 세계를 향해 "영미야" 외치던 그 처녀들의 순박한 열정의 목소리가 아득한 들녘 마늘 밭에서 환청으로 들린다.

그 간절함… "영미야!" 부름을 답하는 짧은 시를 그해 봄에 써서 발표했으니 이 시를 쓰게 된 동기가 된 것이다.

"영미야!"

눈물같이
큰
부름이 있느냐.

눈물같이
큰

대답이 있느냐.

- 졸시 '답' 전문

지금 베이징 올림픽 컬링 경기, 대표선수 김씨 네 분 멋진 결과를 기대하며 옛 글 올려 봅니다. 하여튼… 모두 의성 김씨일까요?

지금 2

지금
보고 싶은 사람이
먼
산 같이
무겁게 앉아
바다 같이 넓은
당신을
그리워하나니.

음력 사월 초파일 새벽이다.

이맘때 연등이 봄바람에 하늘이고 그 절에는 불두화 일명 사발꽃이 마치 고봉 사발밥같이 피어나고 있을 때다.

총칼도 아닌 눈에 보이지도 않는 적군에게 당하듯 이차대전 이후 인류가 속절없이 무너져 가고 있다.

다행히 우리나라는 코로나 질병에서 가장 방어를 잘한 나라로 다른 나라의 부러움을 사고 있다.

인류가 함께 코로나19와 씨름할 때 나는 지인의 소개로 산에 나무를 심는 일을 했다.

농촌 출신인 나는 흙을 직접 밟고 하는 노동을 동경하는 봄이다.

봄에 씨앗을 뿌리지 않으니 가을에 거둘 것이 없어 허전했다.

제천시 백운면 덕동리 깊은 산속에 아카시아 나무를 심었다.

산림청에서 정책적으로 추진하고 있는 꿀벌의 먹이가 될 밀원숲을 조성하는 아카시아 나무를 심었다.

산도 험하지만 민가와 멀리 떨어진 깊은 곳이니 벌들이 생존하기 적합한 곳이다.

불과 반세기 전 초등학교 때 헐벗은 산에 아카시아와 낙엽송을 사방공사에 동원되어 심었던 추억이 아련하다.

그때는 마을 앞 강변이든 산이든 나무를 심을 수 있는 곳에는 대개 아카시아 나무와 지금은 귀한 포플러 나무를 심었다. 가을에는 숙제로 아카시아 나무 씨를 받아 가기도 했다.

번식력이 좋은 아카시아가 숲이 우거지자 다른 나무와 숲에 해로운 피해 목으로 간주하여 베어내기 시작했다.

마을 시냇가에 아카시아도 그렇게 사라진 지금 이젠 벌들이 꿀을 모을 밀봉원이 없어지니 또다시 아카시아 나무를 깊은 산속 국유림을 택하여 수종변경을 하고 있으니 다행이다.

벌이 사라지면 인류가 멸망한다고 한다.

먹이 사슬의 고갈이 되고 과일나무에 꽃수정이 이루어지지 않으니 열매를 맺지 못하는 것이다.

꿀벌 한 마리가 하루 수정할 수 있는 노동력이 사람 삼천 명이 할 수 있는 노동력이라니 경이롭지 않은가?

요즘 하루 노동 임금을 대략 십만 원을 계산하면 꿀벌의 하루 노임은 삼억 원이다.

상상을 초월한 고임금을 우리는 방기하고 있는 것이다.

제천시 백운면 덕동을 오가며 실개천 건너 화당리를 지나친다.

팔 년 전 타계하신 시조시인 화당花塘 이계상 선생님의 고향이다. 산촌의 고향을 늘 가슴에 품고 사셨으니,

시조집 두 권의 제목도 '부엉새 우는 소리', '화사목火死木'이다.
한문과 서예에도 조예가 깊었던 참 선비셨다.

사후 고향으로 돌아오지 않고 국가 유공자 묘역인 여주 분원에 안치됐다.

  내 다시 몇 번이나
  태어나서
  또
  갈고 닦아

  티 한 점
  하늘 우러러
  부끄럼이 없다면

  저 매화
  그윽한 향기
  고운 자태姿態 될 거나

        - 故 이계상 시 '매화' 전문

시인의 고결한 삶을 엿볼 수 있는 시다.

보름을 오가며 화당 고을에는 매화가 지고 개나리 진달래 벚꽃이 차례대로 다녀가고 복사꽃이 화사하다.

나무를 심다 잠시 허리를 펴고 능선에 잎을 틔운 철쭉을 바라본다.

어릴 적 진달래를 따 먹은 입이 푸르스름한 우리에게 철쭉꽃을 따 먹으면 입이 돌아가고 죽을 수도 있다는 어른들의 이야기를 듣고 한 번도 따 먹지 않은 철쭉도 이제 머지않아 필 것이다.

스피노자가 '내일 지구의 종말이 온다 해도 한 그루 사과나무를 심겠다.' 갈파한 그 참 뜻을 새겨보는 노역이 즐거웠다.

나무를 심기 위해 구덩이를 파는 옆에 앳된 고사리와 원추리가 드문드문 싹이 피어나고 있다. 그를 다치지 않게 괭이 날이 비켜간다.

나무를 심기 위해 발매를 한 광활한 산에는 큰 나무들이 떠나고 그 나무를 상상하며 나이테를 헤아려본다.

거개가 오육십 년에서 백 년은 헤아려지는 나이테가 가몰하다.

소나무와 참나무 낙엽송 종류들은 그대로 종언을 고하듯 나이테가 마르고 있어 자신의 주검에 순응하고 있다.

고로쇠나무는 자신의 주검을 거부하듯 뿌리에서 수액을 뿜어올려 붉은색으로 섬뜩하고 애처롭기도 하다.

2년 전 동안거 입재 날 운명처럼 내 가슴에 한 그루 나무를 섬기자 하며 다짐한 미호천에는 시월 보름 달빛이 서늘하게 갈대를 쓸고 있었다.

그 다짐을 기리는 나무 연작시를 시작해서 육십여 편을 이어

가고 있다.

　나무 연작 시 작업을 이생에 시를 쓸 수 없는 날까지 이어 갈 생각이다.

　불가에서 '나무'는 돌아가다라는 뜻을 의미한다.

　사람이 죽어 산으로 가면 나무의 밑으로 돌아가 흙밥이 되니 사람으로 왔다가 다시 전생의 나무로 돌아가 우리 살아가는 모습을 굽어보는 나무들이 우리의 전생 아니겠는가.

　오늘은 강원도 원주시 부론면 에서 자작나무를 심었다.

　내가 좋아하는 나무다.

　자작나무는 추위에 강해 북반구에는 자작나무숲이 장관을 이룬다 한다.

　우리의 산에도 드물게 자작나무를 만날 수 있다.

　자작나무의 눈부시게 흰 모습과 흰 눈이 쌓인 겨울 숲을 늘 상상한다.

　가까운 지인 중에는 연작형태로 자작나무 그림을 그리는 화가가 있어 자작나무는 늘 설레게 하는 나무다.

　사흘 동안의 작업에서 내 손에서 이천여 그루의 자작나무를 심었다.

　추운 땅 평안도가 고향인 백석의 시 자작나무를 떠 올려보는 즐거운 하루였다.

　　　'산골집은 대들보도 기둥도 문살도 자작나무다
　　　밤이면 캥캥 여우가 우는 山도 자작나무다
　　　그 맛있는 모밀국수를 삶는 장작도 자작나무다

그리고 甘露같이 단샘이 솟는 박우물도 자작나무다
山너머는 平安道땅도 보인다는 이 山골은 온통 자작나무다.'

- 백석 시 '백화白樺' 원문

  이제 얼마 후에 내가 지구를 떠난다 해도 자작나무들은 남아 있을 것이다.
  이 봄 코로나19의 와중에 코로나하고는 전혀 상관없는 나무들의 일생을 생각해 본다.
  꽃이 좋아 꿀을 얻기 위해 심은 아카시아, 나무의 재질이 좋은 낙엽송과 자작나무.
  나무도 각자의 생이 있다.
  비록 그 일생이 인간의 목적에 위해 끝내 좌절한다 해도 자기의 운명을 염려하지 않고 아카시아는 오월이면 본래의 그 모습 그 향기를 잊지 않고 꽃으로 어김없이 돌아올 게다.
  돌아온다는 그 약속을 누구와도 하지 않고 때가 되면 항상 그렇게 왔다가 가는 것이다. 나무들의 일은 어김없이 나무들의 일을 하고 있을 뿐이다.
  나무는 시작부터 하늘 위로 보고 큰다.
  해와 달과 별과 새와 논다.
  어지러운 땅을 기웃거리지 않는다.
  세월이 흘러 눈 나리는 어느 날 내 키의 몇 배로 자라 있을 자작나무숲을 찾아 올 그날을 상상해 본다.

무차별

문은 닫기 위한 것인가
열기 위한 것인가
눈 나린 고향 들녘 눈길 옛집을 가며
'出家와 歸家'

눈 쌓인 들녘의 고요한 순백의 세상
무차별이니 무등등하다

홀로 코끼리 발자국 하나 논두렁에 상처같이 남기며
숫눈을 밟아 가기가 민망하다

아득하게 눈발에 묻혀 숨어버린
강 건너 외가 마을을 하염없이 바라본다

   17살에 가마 타고 이 개울을 건너고 벌판을 지나 출가하여 생에서는 귀가할 수 없던 어머니에게는 마실길.
   스님이 된 아들이 보고 싶어 금강산에 찾아온 어머니에게 수행에 방해된다고 엄마 앞에 돌을 던졌다는 성철 스님.

"아이다. 내 금강산 보고 싶어 금강산 구경 왔데이."
하셨다는 엄마.
이 쓸쓸하게 내리는 눈발에 수없이 외가를 오가던 논두렁길에 어머니 발자국이 무덕무덕 살아 있다.
병환이 깊어 거동이 불편하신 어머니를 경운기에 태우고 외사촌 결혼식에 털털 흔들리며 마지막으로 친정을 갔었다.
"애야 꽃구경 좀 하고 가자."
외가 마을 입구에 멈추고 꾀꼴모링이 산에서
'무차별'
날아드는 꽃바람에 경운기는 꽃가마가 된 어머니의 마지막 귀향이었습니다.

11월 1일은 詩의 날

시인의 날입니다.

신산한 가을 끝에서 詩를 가슴에 안고 살아가는 깊은 우물 속에 한 번쯤 우리의 얼굴을 꺼내 봅시다.

이백 년 전에 "나는 조선 사람이니 조선시를 쓰겠다." 정약용의 선언은 우리 문화의 우수성에 대한 자부심이며 중국 것을 흉내 내지 않겠다는 자주 의지입니다.

맥령麥嶺을 '보릿고개'라 하고 고조풍高鳥風을 '높새바람'이라 사용하고, 대감, 반상, 첨지 등 시골의 말들을 시어로 차음借音하여 우리 시를 지으면서 "나는 조선 사람인 걸, 즐거이 조선시를 짓겠노라"라는 위대한 선언을 합니다.

한 나라가 자주적이어야 하듯이 개인도 자주적인 태도를 가져야 합니다.

이 소리 저 소리에 흔들리지 말고 개성적인 자신만의 작품을 써야 합니다.

각자가 '자신의 시'를 선언해야 합니다.

자주적이고 독립적인 시,

검은 우물에서 내 얼굴을 꺼내 보는 일입니다.

어제 영주 부석사를 다녀왔습니다.

몇 년 전 걸어서 부석면 지나고 단산면 지나고 순흥 소수서원까지 걸어오다 가로수 은행나무 아래서 바라본 풍경입니다.

그 마을을 지나며 그 할머니 살아 계시나 궁금합니다.

그때
부석사 가는 길
간밤에 내린 된내기로
은행잎이 한꺼번에 내려앉고 있었습니다.

할머니 두 분이 지천으로 널린 은행 알을 자루에 쓸어 담고 있습니다.

"아, 자루 좀 더 벌려봐."
"이거 보다 어찌 더 벌려야…"
"여자는 잘 벌리기만 하면 돼"
"아이구 이 할망구는 물에 빠지면 입만 동동 뜰 겨."
종주먹질합니다.

이것을 지켜본 가로수 은행잎이
키득키득하다가
까르르 까르르 웃다가
일제히 옷을 벗었습니다.

— 시 '은행잎 까르르' 전문

일요일로 시작하는 십일월
'바람과 소리 그리고 시'
도반님들 복 짓고 복 받는 일상 되세요.
소리의 가객 '김광석, 김현식'이 떠난 날이기도 한 날,

"나의 모든 사랑이 떠나가는 날…"
한번 흥얼거려도 보는…

그날, 12.12.

고향의 아우가 일 년 농사를 마무리하고 초등생 동창들과 회갑을 맞아 동남아로 여행을 떠났다.
잠시 빈 고향집에서 며칠을 보내고 있다.
아버지가 함께 지내던 방에서 창문을 흔들고 지나는 바람 소리에 귀를 세운다.
오늘이 12.12. 그날이다.
40년 전 1979년 12월 12일.
해마다 오늘이면 나는 착잡한 역사의 물줄기를 거슬러 본다.
그땐 몰랐으나 유신독재가 끝나고 새로운 정치로 민주주위에 새날이 오리라 막연히 생각했다.
허나, 그날이 새로운 군부독재의 단초를 여는 그들만을 위한 그 밤인 줄은 한참 후에 알았다.
그때 나는 군대에서 우수갯소리로 떨어지는 낙엽도 피하라는 제대를 앞둔 대한민국 육군 말년병장이었다.
이제 전역을 앞둔 군인으로 마지막 훈련, 연대 R.C.T 종합훈련을 떠나기 위해 모든 준비를 끝냈다.
초저녁 느긋하게 흔들리는 흑백 TV를 보며 아득한 신참 이등병으로 자대에 배치받고 첫날 소위 말하는 혹독한 신병 신고식을 회상하고 있었다.

나는 사회의식 운동권 문제 청년으로 찍혀 혼자 전혀 생소한 안동 36사단 훈련소에 홀로 입소했다.

그때만 해도 군대 가는 사람이 있으면 입대 전 날 온 동네 사람이 모여서 송별식을 하며 마을 어른들이 쌈짓돈으로 삼사천 원의 노잣돈을 주었다. 거금 팔만 원이었다.

제천에서 기차 타고 혼자 늦게 도착한 안동에서 여관도, 여인숙도 잡을 수 없어 역 앞의 안동유스호스텔에 갔다.

종업원이 혼자냐고 묻는다.

그렇다 했더니 고개를 갸우뚱하며 안내하는데 8,000원의 숙박비를 내고 호텔방에 들어서니 그 넓은 방에 이불 베개가 열 개 정도는 있었다.

나는 막연히 아, 호텔은 이렇게 이불도 많고 크구나 생각했다.

그렇게 혼자 입대하고 훈련소에 훈련을 마치고 간 곳이 서울 수색 30사단이었다.

서울 근교라 좋아했으나 새롭게 전투사단으로 개편된 신생 사단이라 온갖 사고뭉치 군인이 다 전출 와서 모이니 이등병과 병장 구분도 안 되는 삭막하기 이를 데 없는 곳이었다.

그중에 가수 그룹사운드 검은나비 멤버 김영균이 조교로 있었다.

"임 이병, 네 직책 위치가 어딘 줄 아나?"

"……"

"내 가르쳐 주겠다. 니는 대한민국 육군 1군사령부 산하 예비 3군단 예비 30사단 예비 90연대 예비 3대대 예비 3중대 예비 3

소대 예비 3분대 기준병이다. 너는 대한민국 육군에서 제일 쫄병 기준병이다."

그걸 따라서 복창하라던 그 병장, 경남 욕지도가 고향이라며 더불어 "제대 말년 병장은 하느님과 동기동창이다."를 힘주어 강조하던 김 병장.

어렵고 힘든 모든 순간들이 주마등같이 스쳐갔다.

이 훈련을 마치고 귀대하면 제대 예우 병으로 모든 훈련을 비롯한 야간 경계 근무 등에서 열외 된다.

군 제대를 맞이하게 되는 순간이 내게도 오고 있다니 세상 부러울 게 없는 여유로움을 상상하고 있었다.

그때였다. 느닷없이 귀청을 찢는 요란한 소리에 몸을 벌떡 세웠다.

"비상! 비상!"

또 무슨 일이란 말인가?

부처가 저절로 돌아앉았다. 해도 믿을 것 같지 않고 영원할 것 같은 유신 대통령, 박정희가 지난 시월 시해 당하고, 가뜩이나 나라가 굴러가는 계란 같이 위태롭기만 한 상황이라 하는데 또 무슨 일이 벌어지고 있다는 것일까?

그런데 오늘 이 비상은 예사롭지 않은 느낌이다.

실제로 처음으로 전투에 임하 듯 실탄도 급하게 지급받고, 정말 드디어 김일성이 남침이라도 해 온 것일까?

얼떨결에 연병장에 나와 실탄을 지급받고 출동 대기하는 트럭에 무작정 몸을 실었다.

트럭은 어둠 속에 먼지를 일으키며 서울 외곽 구파발 유시 시

탱크 저지선을 지나 행주산성으로 달려가고 있었다.

그날 우리는 무슨 상황인지도 모른 채 출동과 철수를 몇 차례 반복하다가 자정 무렵 상황이 끝난 건지 아무 상황도 모르고 내일 새벽 훈련을 떠나기 위해 불안한 잠을 청했다.

그날 밤 출동과 철수를 반복하며 차량 전조등 불빛에 흔들리는 먼지 속에, 하늘의 까만 별을 보며, 그냥 에라 하는 심정으로 심포니 락의 대명사인 Kansas의 노래 'Dast in the wind'란 노래를 흥얼거리고 있었다.

> 잠시 동안 눈을 감으면 그 순간은 지나갑니다.
> 내 모든 꿈이 눈앞에서 지나가 버립니다.
> 호기심도 바람속의 티끌
> 모든 것이 바람 속의 티끌입니다.
> 땅과 하늘밖에 아무 것도 영원하지 못합니다.
> 모두 사라집니다.
> 당신의 모든 재산을 털어도 단 일분을 사지 못합니다.
> 바람 속에 티끌입니다.
> 우리의 존재는 먼지와 같습니다.
> 세상만사가 먼지와 같습니다.

이튿날 모든 군인들은 이동 금지로 정위치 명령이 떨어지고 훈련도 취소됐다. 우리는 이튿날 정승화 계엄사령관이 체포됐다는 뉴스만 알게 됐다.

나는 대한민국 사내로 태어나 신성하다는 군복무를 마치고 제대를 했다.

그리고 신산한 세월 고향에서 농사를 짓고 있었다.

그 해 모내기가 한창일 때 12.12 주역들이 남녘의 광주에서 5.18 민주화항쟁을 피로 탄압하였다.

여름에는 최규하 대통령을 하야시키고 연장된 신군부독재로 체육관 대통령으로 '정의사회구현'을 표방하며 전두환 정권을 탄생시켰다.

그해 10.26의 비극으로 탄생된 군부독재는 국민의 관심을 돌리기 위해 여의도에서는 국풍축제를 열었다.

민주화의 열망을 짓뭉개고 그날의 진실을 아는 데는 김영삼 문민정부가 들어서고, 전두환, 노태우가 역사의 심판대에 서는 5.18 청문회를 통해서였다.

그날 상황은 이랬다.

12월 12일 밤 신군부가 강제로 정승화 육군참모총장을 연행하려 했다. 육군본부로 공수부대를 투입하러 한강을 건너려 했으나, 모든 다리가 막히고 우리 부대가 경계구역인 행주대교를 향하고 있었다.

이를 저지하라는 명령을 받은 우리 부대 사단장과 연대장은 혼선이 되어 내려오는 상급 부대의 명령에 오락가락하다가 신군부 쪽으로 돌아서며, 공수부대에게 행주대교를 통과시켜 주니 신군부의 공수부대는 우리가 방어하는 행주대교를 통과하여 육본을 점령하고 참모총장을 체포하니 역사는 전두환 집권의 길을 열어주게 됐다.

그날 우리는 국가와 국민의 군인이 아니라 아무것도 아닌 채 바람 속에 먼지의 티끌처럼 우왕좌왕 흔들리고 있을 뿐이었다.

그날 우리 사단장이 정승화 계엄사령관의 명령을 받고 신군부가 진입하는 행주대교를 차단했더라면 공수부대 병력으로는 우리의 방어선을 넘지 못했을 것이다. 더불어 군사독재 전두환 정권은 탄생하지 않았을 것이다.

참으로 아이러니 하다. 10.27 법난으로 불교를 짓밟은 그들이 5공 청문회로 역사의 단죄를 받고 전두환은 백담사로 유폐되었다.

부처님의 대자대비가 머무는 곳에서 참회의 날을 보내라 하는 참 뜻이었을까.

아버지의 아바타로 신라시대 이후 천이백 년 만에 여성을 대통령으로 선출한 것은 역사의 한 과정으로 국민의 선택이었다.

세월호의 비극이 몰락의 서막이었을까.

촛불은 들불이 되어 대통령 하야를 촉구하고 결국 국민이 판을 엎은 혁명처럼 최초로 대통령이 탄핵되었다.

찔레꽃 대선에서 국민들의 선택을 받은 문재인 정부가 탄생됐다.

우리는 길이 후손에 물려줄 창대한 민주주의 큰 멍석에 국민이 주인으로 미력한 촛불이 횃불이 되어 박완서의 소설 제목처럼 '그해 겨울은 따듯했네' 처럼 촛불 혁명을 이루었다.

고향의 겨울밤이 고요하다.
부앙천지 무괴어심 俯仰天地 無愧於心 이라

우리 국민의 촛불은 천심天心의 역사를 이렇게 또 물줄기를 돌린 것이다.

닭의 목을 비틀어도 새벽은 온다는 시간의 줄기,

1979년 10.26, 12.12.

40년 전 오늘 이 시간.

늦은 뉴스에는 오늘 그날을 자축하는 전두환이 20만 원 파티를 했다는 후문.

늘 역사는 승자의 기록이라 해도 그들만의 리그로 호가호위하며 잘 산다. 참으로 후손에게 후안무치한 일이다.

누구의 탓도 아니다.

정치논리로 계륵이 된 그를 정치 논리도, 세월의 무감각으로 큰 자비심이다.

오늘 40년 전 그 밤,

어둠 속에 영문 모르고 이 땅에 태어나 남아로 군인으로 그날 밤 명령에 따라 행주산성을 오락가락 헤맸던 역사적인 밤, 나는 그때를 회상하며 환지통幻枝痛을 앓는다.

40년 전 12.12.

돈수頓首하고 펜을 놓는다.

인아 人我

일요일 오후로 넘어가는 따듯한 평화로움과 불안.

코로나가 창궐하여 하루 확진자가 천 명을 넘어섰다는 뉴스.

이 조그만 소도시에서 첫눈이 속절없이 내리는 호암지를 두 시간 행선行禪하고 돌아와 눈을 털며…, 아늑함과 우울이 서로 등을 맞대고 있다.

문득 오래전 기억 속의 노래 '어떤 날 오후만 있던 일요일' 가사에

나는 노란 풍선처럼 달아나고 싶었고
나는 작은 새처럼 날아가고 싶었네.

지금 첫눈 속에 쓸쓸해서 도무지 견딜 수 없는 풍경 속으로 내가 걸어 들어가고 있다. 저 눈 속에 아늑한 소실점으로 사라질 것 같다.

그리움과 그림이
이렇게 가까운 사이인가요
그리다는 움직씨이고

그립다는 그림씨이니
종이에 그리면 그림이고
마음에 그리면 그리움인가요
하여, 흰 눈이 펄펄 나리는 오후

詩는 뭘까요
그리움도 되고
그림도 되는
흰 눈이 펄펄 나리는
동지섣달

그리움이 쌓이는 그림인가요.

- 시 '흰 눈이 펄펄' 전문

코로나의 광풍에 한 해가 저무는 섣달에 마치 오전의 기억은 없고, 오후만 있는 일요일의 눈 나리는 풍경이, 무릉도원 바깥처럼 마치 거짓말같이 한 생애가 흘러갈 듯하다.

코로나는 우리에게 무엇을 하라는 것일까?

눈앞에 삼삼하게 흰 눈을 이고 있는 동백꽃의 요염함을 상상으로 하란 말인가. 저 내리는 눈도 한 때의 인연으로 바람처럼 왔다가 소멸될 것을 바라보기만 하란 말인가.

눈이 외롭지 않냐고 묻고 있다.

눈같이 허무한 인연 수인囚人이 또 있을까.

경자년 첫 눈이 묻고 있다.

"눈 같은 한 세월
사람으로 한 세상에 다녀간 이유는 뭔가!"

하로동선 夏爐冬扇

서도 소리꾼 권재은의 소리마을
부용산 머리 위에
보름달과 뭇 별이
맑다

시방 신산한 세월을 털자
부창부수의 꽹과리와 장구 가락이
거침없어 눈물나고야
별들은 박수를 치고 있었다

내일 또 돌아오마
서녘으로
부용산마루를 넘는 달을 배웅하지 않았다

눈을 따라가는 손
북두칠성 일곱별을 찾아
원숭이 나이를 물어보는
'여름 화로 겨울 부채'

큰스님이 볼 일이 있어 나들이를 하려고 보니 시계마다 시침과 분침이 다 달랐다.

스님이 제자 스님을 불러 시간을 맞추어 놓으라고 일렀다.

"시계가 모두 내가 옳다고 하네요."

제자 스님은 이렇게 말할 뿐 고치지 않았다.

큰스님은 빙그레 웃고 말았다.

거기서 끝이 아니었다. 그날 큰스님이 부른 택시는 약속 시간에 오지 않았다.

어쩔 수 없이 제시간에 기차를 타지 못했다.

어쩔 수 없이 한 시간 뒤의 기차를 타기로 하고 택시 기사에게 그 시간에 맞춰 와 달라고 했는데 이번에는 삼십 분이나 일찍 왔다.

그걸 보고 큰스님이 중얼거렸다.

"한 번은 늦고 한 번은 이르고…, 뜻대로 되는 일이 하나도 없군!"

그 말을 듣고 제자 스님이 말했다.

"세상에 큰스님 뜻대로 되는 일은 하나도 없어요."

큰스님은 이번에도 제자의 건방진 말에 노여워하지 않았다.

아무 말 없이 받아들이고, 아무렇지도 않은 듯 다음 일을 할 뿐이었다.

호암지 호수가 검은 하늘 아래 깊었습니다. 바라보니 충주의 서쪽 끝 부용산 기슭에 사는 서도 소리꾼 권재은 코로나19가 창궐하기 전 봄밤 꽃그늘 풍경이 삼삼합니다.

4. 구름밭을 지나며

진실불허眞實不虛한 허공의 보름달.
인간의 삶이 얼마나 하찮은가 싶습니다.

피는 꽃에게도 절하고
지는 꽃에게도 절하는
봄이 오겠지요.

일 년 중 겨울밤 며칠은 가끔 이렇게 앉아 새우고…
  내일은 길을 나서 기차를 타고 충주 ~ 제천 ~ 영월 ~ 태백 ~ 동백산 ~ 승부 ~ 춘양 ~ 봉화 ~ 영주 ~ 제천 ~ 충주 여정으로 돌아오겠습니다.

나이떡

삼동三冬을 잘 견디고
이 땅에 봄이 시작되는
음력 이월 초하루

세시 풍습으로
나이떡 해 먹는 날
어머니는 귀한 송편을 했다

송편을 자기 나이숫자만큼 먹는 거라며
이웃 친구들도 불러서
함께 나누어 먹었다

 송편을 먹으며 '나중에 나이 많아지면 나이 숫자만큼 늘어난 송편을 어떻게 다 먹지'하고 지레 걱정도 했었다.
 생각느니 그 풍습은 혹독한 겨울을 잘 견디느라 까칠해진 우리에게 봄을 맞아 귀한 떡을 먹고 기운을 돋우라는 지혜로운 풍습이었다.
 천상에서 그 송편 빚어 드실까?

신유생 아버지는 100세.
임술생 어머니는 99세.

옛 세시 풍습에 음력 이월 초하루에는 나이떡이라 해서 송편을 해서 나이숫자만큼 먹는 풍습이 있었다.

육십 년대 '코로나' 택시가 있었는데 신작로 먼지 속을 달리던 그 차가 유령처럼 못 잊어 흙먼지 길을 되돌아온 것일까.

콜레라, 장티푸스, 마마, 홍역 등을 그저 속절없이 운명에 맡기고 견뎌 온 60년대.

생각느니 지난 일 년은 사람이란 허명이 얼마나 하찮은 존재인가.

눈에 손에 잡히지도 않는 바이러스 하나에 속절없이 무너졌다.

무슨 불운인지 나랑 국민학교 동창인 5명 중(남4, 여1) 모두 어쩌다 일찍이 황천길을 떠나고 제일 작고 못난 내가 새벽에 깨어 있다.

그 나이떡을 나누어 먹던 동무들인데…

10년 전에 작고한 이계상 시조 시인께서 술 한잔 기울이시면 '희망가'를 하셨다.

"오늘이 오늘이소서
날마다 오늘이소서
날 새지도 말고
날 저물지도 말고
날마다 오늘이 오늘이소서."

그분이 돌아가시기 한 달 전쯤 전화를 하셨다.

"임 시인, 나 뭐하는지 아나?"

"글쎄요, 막걸리 드시며 잔 권할 이 없으신지요."

"나 이 감사패, 상패 아, 이거 치우려고 강에 나왔는데 아, 이게 왜 이렇게 단단한가? 돌로 내리쳐도 늙은이 기운인가 안 부서지네."

"선생님 그냥 업業의 소산인데 그냥 두세요."

한 달 후에 부음을 받았다.

나이 들어 나이 숫자만큼 늘어날 송편을 어떻게 먹을까

지레 걱정하는 소년은 간데없고 초로의 흰머리가 깨어 앉아 넋두리하고 있다.

이월 초하루.

초하루 살림살이 시작하려 자리 털고 한 달에 한번 부처님 뵈러 가는 날.

몸 한쪽이 무너진 곳을 고쳐 쓰려 수술 날 잡고 코로나 검사하고 돌아오는 길에 산수유 꽃을 해후했다.

작년에 입은 노란 옷이다.

어찌 삶이 그리 정직할까.

지루하지도 아니한가?

장난 삼아 한 번쯤은 빨간 옷, 하얀 옷으로 바꿔 입고

"나, 어때?" 하고 싶을 텐데…

할머니가 놓고 갔다며 민물 수산 하시는 그 집을 지나는데 자라와 눈을 마주쳤다.

4. 구름밭을 지나며

주머니를 털어 그 자라를 샀다.

그놈 삶이 아직은 미생의 흐르는 강물처럼 흐를 것이다.

오늘 고향 가는 길에 방생하고 올 참이다.

나이떡은 이제 잊혀진 세시 풍습이다.

이제 겨울 속내의를 벗고 빨아서 따듯한 봄볕 가득한 빨랫줄에 널어 볼 일이다. 계절이 스스로 한 살을 더하고 있지 않은가.

꽃들이 앞서거니 뒤서거니 돌아오니 그 화상이 계절의 나이떡이다.

법상에 내려오시기 전 설법하던 큰스님께서 대중께 한마디 물었다

"과거도 묻지 않고, 미래도 묻지 않겠습니다. 지금 내게 한마디 이르십시오."

"……"

주장자를 쿵 울리며

"日日 是好日"

날마다 좋은 날

24190일

춘분 날 새벽 봄비가 내립니다.
적막과 고요가 묘한 대비를 이루는 병원의 텅 빈 복도를 일 없이 산책하다 눈이 번쩍 띄는 그림 앞에 멈춰 섰습니다.
장욱진 화가의 그림 소품이 여섯 점 걸려 있습니다.
제가 젤 좋아하는 화가의 그림입니다.
그림은 1972년 당시 초등학교 육 학년이었던 김광주 어린이의 동시를 박목월 선생님이 엮었고 장욱진 화백이 삽화를 그려 출간한 '햇볕이 만든 길'이란 작품으로 설명하고 있습니다.
삽화의 단순함과 동시가 참 착하게 어울려 있습니다.
그림과 화가를 좋아하는 나는 그중 천진한 장욱진 화백의 그림과 삶을 동경하곤 한다. 장욱진 화백은 충주 수안보와도 인연이 깊은 분입니다.
경기도 양주 근처의 덕소 생활을 청산하고 자리 잡아 내려온 터전이 수안보 탑동이었습니다(1986~).
그림 작업을 하실 때는 며칠이고 곡기를 끊고 집중하시다 그림 작업을 마치면 며칠이고 막걸리를 곡기로 드셨다 합니다.
수안보에서도 그림 작업을 끝나고 쉴 때면 수안보에 허름한 목로에 막걸리를 파는 집에 가끔 오셔서 막걸리를 드셨다 합니

4. 구름밭을 지나며   275

다. 그럴 때 가끔 조그만 화첩에 까치 그림을 그려서 벽에 걸어 놓고 가시곤 했습니다.

그 그림이 한 점, 두 점 벽에 붙어 늘어갔습니다.

장욱진 성정을 잘 아는 꾼이 그 그림을 노리고 주말마다 서울에서 내려와 술값으로 그 주모에게 후한 인심을 씁니다. 그림이 이십여 점이 넘어갈 즈음 그 나그네의 본색을 드러냅니다. 막걸리를 들고 그날 주모에게 십만 원짜리 수표를 건넵니다.

잔돈이 없다고 주모가 말하자 그도 단골이니 잔돈은 아, 다음에 주셔도 됩니다.

그런데 저 낙서 같은 게 재밌어요, 저거 우리 손자가 보면 좋아할 것 같아요. 짐짓 모르는 척 묻습니다.

"저거 누가 그리는 거요?"

"아. 웬 노인이 가끔 오셔서 막걸리 드시다 심심하신지 한 장 그려 놓고 가면 저도 그냥 붙여 놓지유 뭐."

"아, 그래요, 저거 저 주실래요."

"아, 예~ 가져가세요, 다음에 오면 또 그리면 걸어 놓지요."

그날 그 손님이 장화백이 그린 까치 그림 소품을 다 떼어갔다.

오랜만에 막걸리를 마시러 외출 나온 장 화백이 주모에게 그림 소재를 묻습니다.

"여기 그림 다 어디 갔소?"

"응, 그림 아~ 우리 집에 단골손님으로 오는 서울 사람이 달라해서 다 줬지요, 수표 받고 거스름돈도 못 줬는데 그러고 보니 요새 꽤 오래 안 오네유."

"……"

탑동 집으로 돌아온 장 화백은 그 후로 짐을 싸서 수안보를 떠나고 경기도 안양시로 이사해서 그곳에서 생을 마감했다.

그때 수안보에서 그린 까치 그림 소품이 전시되고 지금은 수백만 원을 호가한다.

삼 년 전 우연히 시내버스 투어를 하다 세종시에서 신탄진 쪽으로 가다 '내판'이란 간이역이 있는 곳을 지나는데 장욱진 생가 안내 표지판을 보고 순간 버스를 세우고 내렸다.

시골의 한적한 마을이고 서녘들이 넓고 저녁놀이 좋은 마을이었다. 장 씨의 집성촌이었다. 장 화백의 탄생 생가를 둘러보고 마을 뒤에 한참을 돌아 올라가니 장 화백 기념 공원이 있었다.

팔 월, 흠뻑 땀으로 목욕을 하며 찾아갔다.

억새가 키로 자라서 공원인지 동산인지…

땀을 식히자 하고 나무 그늘을 찾는데 고라니가 낮잠에서 깼는지 기겁을 하고 뛴다.

장 화백을 추모하는 조형물을 헤쳐 보다 포기하고 가을쯤에는 문중에서 관리하며 풀이라도 깎으면 다시 오마 하고 이제껏 가지 못했다.

금년 들어 서울에서 타계 삼십 주년 회고전이 이월 한 달 동안 열렸다. 현대화랑에서 대표작 오십 점이 전시돼서 전시회에 가서 장 화백 그림에 기갈증을 풀었다.

"내 인생에서 그림은 살아가는 의미요, 술(막걸리)은 휴식이다."

적막하고 고요한 새벽 병원 복도에 고흐 마네와 함께 걸려 있는 장욱진 그림을 만났다.

비 내리는 어두운 창밖을 보며 그 기쁨을 주절주절 시작한 글을 마치니

아침밥이 나오니 펜을 놓다.

나 태어난 24,190일 되는 아침에.

24172일

 입원한 첫날 어둠 속에 검은 몸으로 창밖에 그저 우두커니 약속이나 한 듯 나와 문득 마주하고 서 있는 나무가 있다.
 키가 큰 아카시아 나무다.
 저 정도의 몸집이라면 육칠십 년을 헤아리는 정도의 수령이니 내 생의 숟가락 숫자와 비슷할 게다.
 아주 오래전부터 나를 기다리고 지켜보았다는 듯이 창가에 드리우는 검은 몸이 낯설지 않다.
 그대처럼 나무로 몸 받아 견디어 온 24,172일. 또 시작하는 봄날. 춘분을 이틀 지나고 있다.
 귀 수술로 머리를 아랍인의 터번같이 감싼 창 밖에 저게 누구신가?
 왜, 거기 서 계신가?
 창밖은 불빛 속 검은 파도에 휩쓸려 가지 않으려 허우적이는 내가 어둠 속에 있다.
 지금 핸드폰을 켜니 무음의 무소식이다.
 통장의 잔고가 바닥나듯 나에 대한 세상의 안녕하심도 바닥일까?
 며칠 밤낮이 교차하는 시간대에 부재중도 없는 전화를 다시

끄며 통성명도 없이 마주 선 저 나무와 마음벗이 되어 새벽을 맞을 것이다.

얼마 만에 느껴보는 높이의 곳에서 가까운 별과도 속절없이 마주 선 검은 침묵인가.

한 때 음악 감상실을 할 때 아침에 문을 열 때와, 저녁에 영업 끝나고 청소를 하며 듣던 그 노래가 입원하던 첫날 밤부터 귓전에 흐르고 있다.

1973년 닐 다이아몬드의 명곡 'Be'로 '갈매기의 꿈' 영화에 삽입된 명곡이다.

그해 아카데미 골든글러브 음악상과, 그래미상 최우수 영화앨범상을 수상한 클래식한 명곡이다.

진정한 자유와 자아실현을 위해 비상하는 갈매기 '조나단'의 꿈을 그린 영화다.

마치 그 영화의 주인공 갈매기 조나단처럼, 홀로 멀리 떠나갈 때나, 힘들고 낯선 곳에서 어느 순간이면 이 노래가 조용히 내 귀를 노크한다.

> 잃었어요. 구름이 걸려 있는 채색된 하늘에서 잃어버렸어요.
> 시인의 눈을 위해 당신이 그를 찾을지도 몰라요.
> 만약에 당신이 그를 찾으려 한다면요.
>
> 거기에서 멀리 떨어진 해변에서 꿈의 날개를 펴고
> 열려진 문을 통해서 당신은 그를 알지도 몰라요
> 만약에 당신이 그런다면요.

존재해요. 영원한 주제를 이야기하는 언어를 그리워하는 페이지로 존재해요.

그러면, 신은 당신의 날개를 마련할 거예요. 노래해요. 고요한 목소리를 찾는 음악으로 노래해요. 그러면 신이 당신의 길을 마련할 거예요.

그리고 우리는 춤을 추어요. 마음에 맡겨진 영혼을 통해 우연히 들은 속삭이는 목소리에 맞추어 춤을 추어요.
그러면, 당신은 그 것을 알지도 몰라요.
만일, 당신이 그것을 알려고 한다면요.

모래가 돌로 되는 동안에, 살아 있는 뼈로 활기를 갖기 시작한 돌로 되는 동안에 거룩한.
상투스*. 상투스여. 존재해요.

그리워하는 존재해요. 영원한 주제를 이야기하는 언어를 그리워하는 페이지로 존재해요.
고요한 목소리를 찾는 음악으로 노래해요
그러면, 신은 당신의 길을 만들 거예요.

- Neil Diamond, 'Be' 가사 전문

* 상투스 : 라틴어로 '거룩하시다'의 의미로, 미사의 성찬 전례 때 감사송 다음에 부르는 기쁨의 노래.

신산한 세월 중에 애지중지 모았던 사천여 장의 음반과 함께 음악 감상실을 정리할 때도 이 음반은 챙겨 와 지금도 간직하고 있다.

지금도 문득문득 듣곤 하니 어김없이 낯선 곳 낯선 병실 침상에 이 노래가 나를 주저앉힌다.

판소리도. 떠도는 이 강산의 노동요도 좋긴 하나 뭔가 장엄하고 클래식한 이 노래가 숱한 떠돌이의 길에 동행으로 나 스스로를 위무했다.

태어나 처음으로 내 몸에 칼을 대는 수술을 했다.
24,172일.
그동안 부모에게 몸을 받고 세상에 와서
바르게 볼 수 있는 눈을,
바르게 들을 수 있는 귀를,
영혼의 길을 헤아리는 지혜로 문자를 해독하고,
어디든 갈 수 있는 건강한 다리로 낯선 정류장의 목로에서 막걸리를 마시게 했다.
그 웃음과 눈물로, 슬픔과 행복을, 구분할 수 있는 뜨거운 심장을 처음으로 멈추게 했다.

수술실 앞에서 관세음보살을 염송하면서 내게 그토록 많은 것을 준 이제까지의 모든 인연들의 삶에 감사했다.

홀로 병원을 와서 홀로 수술실에 들어가며 설사 이생에 다시 우주에 존재하지 못한다 해도 어쩔 수 없는 뜻 내 일이 아닌 인연 소관 아닌가.

나는 시인 박정만의 마지막 절규처럼…
"나는 사라진다. 저 광활한 우주 속으로…"
그저 의식이 아득해갈 뿐…

"회복실입니다. 임 연 규 님 괜찮으세요."
그 소리에 문득 눈을 뜨니 머리가 무겁다.
어디를 다녀온 것일까? 시간은 얼마나 흐른 것일까? 수술실까지 나를 밀고 온 간호사가 다시 나를 데리러 와서 묻고 있다.
문득 머리를 보니 마치 아랍인이 머리에 두른 터번을 쓴 모습이 씁쓸하다.
병실 침상에 돌아와 멍하게 한동안 앉아 있었다. 금식하라니 별수 없이 가까운 나무와 함께 묵언이다.
나무가 묻고 있다.
깨어난 네 실상을…
"보았느냐!"
"예, 개나리가 피었습니다."
큰 새 한 마리가 나뭇가지에 앉아 움직이지 않는다.
노래 속의 갈매기 조나단이 걱정스러워 나그네의 도반으로 예까지 와 앉았는가.
송골매는 태어나서 사십 년을 살고 나면, 그해 겨울부터 여름이 오기까지 육 개월 동안, 이제껏 써온 몸을 새롭게 단장을 한다고 한다.
가장 빠르게 날게 했던 날개의 닳고 지저분한 털을 뽑아내고, 온갖 먹이를 쪼아 먹어 무뎌진 부리는 바위에 짓 쪼아 다시 날카

롭게 갈고. 닳아진 발톱을 뽑아내고 새 발톱이 자라도록 육 개월의 큰 고통을 견디고 다시 사십 년을 살아간다 한다.

생각하니 지난 24,172일을 쓴 결과가 지금의 이 몸이다.

수행하는 사람이 만일 고통스런 일을 당하여 어렵게 사는 것은 다음과 같이 반성해야 한다고 했다.

'내가 과거 한량없는 세월 동안 근본을 버리고 하찮은 것을 좇아 여러 곳을 유랑하면서 많은 인연들에게 원한과 증오심을 일으켜 끝없이 남과 대립하면서 사람을 헤쳐 왔다. 비록 현재는 죄를 짓지 않았을지라도 지금 당하는 나의 고통은 전생에 지은 악업으로 과보가 나타난 것이지 신이나 마왕이 만들어 준 것이 아니다.'라고 여겨 달게 받아들여 조금도 원망하지 않는 것이다.'

현실의 인욕은 전생의 원한을 갚는 실천이라 했다.

깨달은 이의 심지는 이렇다.

'고통을 만나도 근심하지 않는다. 왜냐하면 근본을 알고 통달해 있기 때문이다.'

그 진실 불허한 근본을, 조금은 헤아린 것이 최소한 나를 견디게 한 지금으로, 한 우주 아래 숨 쉬는 동수정업同受淨業의 인연들에게 이 새벽에 진실로 참회懺悔한다.

퇴원을 앞둔 새벽, 9일간의 병원 생활에서 삼시 세끼를 꼬박꼬박 챙겨 몸뚱어리에 보시하니 사십 년 만에 몸무게가 2kg 불었다.

참 미련한 몸뚱어리다.

이놈 좋으라고 얼마나 더 보시할 거나.

춘분 지났으니 작년 가을에 내가 엽서로 보낸 편지의 답장을 들고 저요! 저요! 하고 이 땅의 꽃들은 좋아라. 돌아 올 것이고 벌 나비는 춤출 것이다.

오월이 오면 비개인 청량한 숲에 낭랑한 뻐꾸기 소리를 듣고 있을 초로의 나그네가 이 땅의 어느 숲에 있을 것이다 .

'영화 갈매기의 꿈'에서 갈매기 조나단은 이렇게 말하고 있다.

"가장 높이 나는 갈매기가 가장 멀리 본다."

24,172일 새벽 4시 29분.

心 2

고즈넉한 산사의 채마전에
고추 가지 오이 상추 아욱 호박…
심다가
허리 펴며 손 얹고 바라보는
청산
물오르는 산색이
봄바람에
부드러운 허리를 비트네
청산을 빗겨 나는
산꿩이
꿩! 꿩!
묻네?
"네 마음은 어디에 심었느냐!"

산사나 세간이나 살아가는 일은 같습니다.
청산에 나무가 봄이면 옷 한 벌 얻어 입고
가을에 그 옷 한 벌 벗어놓고 가는
그 '짓'입니다.

나를 출가 스님이냐고 수없이 물음을 받게 한 시이기도 합니다.

한참 공부가 붙어 갈 때 산사를 떠날 수밖에 없어 산을 내려온 후 세상은 내게 소장에 말 나온 놈처럼 일없이 지금도 생뚱하기만 합니다.

토끼 뿔이고, 거북이 털 나는 일처럼…

운봉 스님 제자가 조용히 앉은 스님께 언제 가시렵니까 물으니

"토끼 꼬리 빠지는 날 갈 거다."

그날이 아주 드물게 오는

음력 2월 30일.

오늘입니다.

아버지 기일忌日이기도 합니다.

그 해 날이 새자 삼월 초하루 봄비가 촉촉이 시작해서 일손을 놓게 했습니다.

봄비로 호상이라며 마을은 사흘 동안 축제의 날이었습니다.

처음 장례식장이 생겨나기 시작할 즈음 마을에서 마지막으로 긴 사흘 초상을 치르고 상여가 봄 꽃그늘에 산으로 오르는 봄날.

그 봄비가 손님처럼 올해도 온다는 소식이니

날마다 좋은 날입니다.

자작나무를 심다

새벽 전화를 받았다.
"임 시인님이여, 아침 새벽에 죄송합니더, 오늘 뭐 하시는 겨."
"아, 네 정 사장님 무슨 일 있으세요?"
"큰일 났습니더. 낼이 준공검사 받는 날인데 아, 자슥들이 한 군데를 빼먹었지 않습니까, 자작나무 칠백 그루 좀 심어 주소."
"자작나무…, 그러죠 뭐, 장소가 어디예요."
"아이구 고맙십니더, 제가 모시러 가겠습니더. 일당 십사만 원 드리겠습니더."
고개 너머 문경이 고향이라는 정 사장의 억센 사투리가 정겹고 고맙다.

지난해 봄 우연히 나무 심는 일을 하게 됐다.
뜻하지 않은 인류의 재앙 코로나에 발목 잡혀 답답하던 차에 잘됐다 싶어 흙과 씨름하는 노동이다 보니 마음이 선뜻 동했다.
어쩌면 내가 몸 받고 우주에 태어나 자연에게 제일 보람 있는 일을 하지 않았나 싶다.
산불 조심, 자연보호 플래카드가 바람에 펄럭인다.
자연이 누가 보호해 달랬나, 가만히 두면 될 일이다.

역설적으로 자연에게 제일 큰 적은 사람이다.

나는 산을 바라보며 산은 사람의 울타리라고 생각해 왔다.

내 육신의 노동력이 허락하는 한 봄에는 든든한 울타리가 되어줄 산에다 나무를 심는 즐거운 노동을 하기로 했다.

지난해에는 아카시아, 소나무, 낙엽송, 화백나무, 자작나무 등 삼만여 그루 정도의 나무가 내 손을 통해 산에 자리를 잡았다.

내 배 아프게 자식을 낳지는 못하나 이 산하에 내 슬하에 자식같이 귀한 나무가 살아가고 있는 것이다.

올해는 봄이 왔으나 몸의 일탈로 나무 심는 노역을 하지 못하고 아쉽게 지나가나 했던 중에 뜻밖에 전화를 받고 후다닥 몸을 일으켰다.

더욱이 내가 젤 좋아하는 자작나무라니…

산등성에는 때를 지나 잎새가 펼쳐진 고사리가 드문드문 사람의 손을 안 탄 덕으로 인사하고 있다.

사방 여섯 자(180cm) 한 평에 자작나무 한 그루씩 칠백 주를, 소위 말하는 우깨도리로 오늘 끝내야 하는 일이다.

자작나무 한그루 심는 값이 이백 원이다.

나무 한 그루 몸값이 시 한 편 몸값보다 귀하다.

보통 시집에 시 백 편이 수록되어 보통 만 원이니

시 한 편이 나무의 반값이다.

시 한 편의 몸값이 너무 싸지 않는가.

나무들은 지구의 한 평 땅을 차지하고 용맹정진하며 한 자리에서 붙박여 살아간다.

사계절의 낮과 밤. 태양과 달. 바람과 비와 눈을 온몸으로 받으며 살아간다.

땅속 어둠에서 저를 하늘 끝까지 밀어 올리는 뿌리의 진실을 믿고 당당하다.

나무를 심는 노역의 시간.

매일 새벽 독송하는 금강경을 차용하여

방금 전에 심은 나무도 지나온 일이니 가질 수 없고

과거심 불가득(수)過去心 不可得(樹)

지금 심은 나무도 얻을 수 없으니

현재심 불가득(수)現在心 不可得(樹)

잠시 후에 심을 나무도 아직 심지 않았으니 가질 수 없으니

미래심 불가득(수)未來心 不可得(樹)

작업을 끝내고 산을 내려오며 되돌아보니

자작나무 칠백 그루가 묻고 있다.

나무를 심은 마음은 어디에 심고 왔는가?

구름밭을 지나며

장호원에서 여주와 안성을 오가는 버스에 올라 해 저무는 곳 무작정 서해 쪽으로 가다.

생소한 지명 일죽, 이죽, 삼죽을 지나다 '구름밭'이란 마을에 무작정 내렸다.

청미천을 느리게 흐르는 마른 냇물에 가을하늘처럼 높은 석양의 구름밭이다.

'정은경'

코로나19로 정오의 해바라기같이 귀에 익은 그녀의 목소리.

청미천변에 콕콕 눈에 박히는 노란 애기똥풀 꽃별이 밝다.

큰누님이 치매로 새들 노래처럼 동문서답인 친정어머니의 안부.

우리에게 정치적인 말을 뺀 채,

정례적으로 담담하게 구름이 흐르는 방향을 전했다.

그녀의 안경 너머 검은 머리에 흰 서리가 깊어진 어느 날.

"진심으로 협조해 주신 국민 여러분께 경의를 표합니다. 오늘부로 코로나19 퇴치국으로 생활 속 거리 두기를 종료합니다. 이제 편안하게 모든 일상에서 건강하고 행복한 나날 되세요. 쇼생크의 영화 마지막 장면처럼 기억이 멈추는 곳 '지와타네호' 멕시

코만 태평양 해변 그곳으로 여행을 떠나셔도 됩니다."

날마다 뒷주머니 메모와 가슴속에 담아 두었던 국민들께 하고 싶은 말이었을 것이다.

청미천에 애기똥풀 꽃별이 한낮 구름밭 마을 입구에 맑다.

경자년 들어 첫 시내버스 투어를 가볍게 나섰다.

유난히 따듯했던 겨울이 착하게 물러가나 했더니 인류의 재앙인 코로나19가 우리의 일상을 확 바꾸어 놓았다.

'거리두기'란 말이 낯설지 않게 감내하고 한 번도 겪어보지 않는 일로 서로에게 서글픈 일이다.

우리는 사회적 거리두기란 상황을 감수하고 봄을 맞고 전국 산하에 꽃잔치를 뉴스로만 보냈다.

세계 최강국이라는 미국이 하루에 수백 명의 사상자가 나고 이미 한국전쟁과 월남전 참전 전사자보다도 더 많은 사람이 속절없이 죽음을 맞았다.

얼마나 끔찍한 일인가?

이 상황이 작금의 미국이다.

가까운 일본의 소식도 점점 더 심각하게 흐르고 있는 듯하다.

먼 유럽의 여러 나라들도 최악의 상황을 뉴스로 본다.

초창기 중국 우한에서 창궐한 코로나19가 우리나라 대구의 한 교회에 집단으로 창궐해 뒤숭숭하더니 급기야 세계 유수의 국가가 우리나라를 외면하는 처지가 됐다.

봄이 온다는 입춘 우수 경칩이 그렇게 코로나19와 묵묵히 사회적거리두기란 말에 익숙해졌고 마스크를 가장 눈에 잘 띄게

두고 시작하는 외출에 익숙해졌다.

그리고 코로나19는 인류의 재앙으로 전 세계로 퍼졌다.

이 땅에 꽃들이 돌아왔다.

그 꽃들이 왔다가며 코로나19도 그 꽃들을 따라 떠나가길 바라고 있다.

한때 기피 대상이던 대한민국이 이젠 전 세계에서 가장 모범적인 코로나19 퇴치국으로 부러움을 사며 존경받는 나라가 됐다.

생각만 해도 섬뜩하다.

코로나19로 타 국가처럼 안이한 대응으로 수천수만의 이웃이 하루에 황망하게 떠났다면…

상상만 해도 머리가 저어진다.

나는 그 기간에 조림사업에 참여하여 나무심기를 하며 신산한 봄을 보냈다.

모처럼의 중단됐던 버스투어로 경기도 안성행을 택했다.

안성하면 안성맞춤 유기와 줄타기하던 남사당패의 걸쭉한 놀이마당이 삼삼하다.

오늘은 천년 고찰로 못생긴 나무끼리 아무렇게나 조화를 이루어 기둥도 되고 서까래도 된 청룡사 대웅전 그 기둥에 기대어 볼 참이었다.

'구름밭'이란 마을 이름에 문득 동하여 다음 정거장에서 차를 내렸다.

오월의 청미천변 구름밭 마을 들녘에 지천으로 핀 애기똥풀꽃을 만나기 위해 나선 길이 되었다.

애기똥풀꽃 꽃말이 '조건 없이 주는 사랑'이란다.

절묘한 말이다.

세상의 어느 엄마가 아기에게 조건을 걸고 젖을 주고 똥 싼 기저귀를 갈아 주겠는가. 조건 없이 주는 사랑이니 애기똥풀꽃이 참 예쁜 꽃말이다.

이제 우리는 코로나19도 어느 정도 진정되어 사회적 격리가 해결되고 생활 속 거리 두기로 바뀌었다.

청룡사 가는 길을 멈추고 청미천 구름밭 언덕을 거닐며 무수히 피어난 애기똥풀꽃에 문득 그녀가 떠올랐다.

노란 비상 근무복으로 정례적으로 국민들께 코로나19 상황을 차분하게 보고로 믿음을 주며 그녀는 어느새 우리들의 존경을 받는 누이 같은 사람이 되었다.

그녀의 마음속에서 간절함이 오늘의 결과를 낳았고 그녀의 말은 이 땅에 애기똥풀꽃으로 무덕무덕 피어나고 있는 일상이 눈에 익숙하다.

이 글은 또 다시 들녘에 피어나는 애기똥풀꽃을 바라보며 지난해에 쓴 글이다.

날궂이

고향 이웃집 사돈인 아저씨에게 이른 전화를 받았습니다.
"비 오는데 오늘 뭐햐?"
"그냥…"
"그려 무조건 와. 내 막걸리 한 상 차려 놓을게."
"아저씨, 뭐 좋은 일 있어유?"
"있다 마다. 버스 시간에 내 마중 나갈게."

칠십이 넘은 아저씨가 사십 된 큰 아들 장가 못 들여 늘 상심하다. 그 아들이 며느리 될 여자를 데리고 아저씨 모르게 왔다간 소문이 마을에 나니 신명이 났는가 봅니다.

나는 한 달 가까이 망령 난 친정 엄마, 도랑 건너 시집간 딸 집 건너다보듯 어쩔 수 없이 막걸리를 괄시하고 있는데…

"동생 이게 뭔 일여, 어제 키우던 닭 두 마리가 한 달 가까이 안 보여서 아 짐승들한테 물려 갔구나 했는데… 동생 저, 저거 봐."

나는 무심히 닭장을 바라보았습니다.

"아 세상에 어제 들에 나갔다 늦게 왔는데 난데없이 수탉이 먼저 들어오더니, 뒤에 암탉이 병아리를 데리고 들어오는 거야. 하두 신기하고 놀래서 보니까 병아리를 세어 보니까 열두 마리를 까서 데리고 들어왔어. 세상에 원…"

4. 구름밭을 지나며

난 그 암탉과 병아리를 넋 놓고 바라보며…
올해는 집 나간 닭, 병아리 까서 돌아오듯 아들 장가도…
우리는 막걸리를 빗물처럼 입술을 훔치고
병아리는 삐약 삐약…
참 좋습니다.
아저씨!!!
봄비 덕분에 술잔만 점점 무거워졌습니다.

사불산四佛山
- 사불 부처님에게 동숙의 노래를 배우다

사불산 사불 부처님 찾아 갔다가
사하촌에서 들려오는 '동숙의 노래'를
사불 부처님이 따라 부르고 있었습니다.

"너무나도 그 님을 사랑했습니다
그리움이 변해서 사무쳤습니다
원한 맺힌 마음에 잘못 생각했습니다
돌이킬 수 없는 죄 저질렀습니다
뉘우치면서 울었습니다
때는 늦었습니다."

사불산 사불 부처님 찾아 갔다가
나도
동숙의 노래만 배우고 왔습니다.

사불산은 경상북도 문경시 산북면에 있습니다. 하늘에서 바위가 내려 왔는데 그 바위 사면에 부처가 조성되어 있어 사불산으로 부릅니다.

대승사와 윤필암, 고려 시대 나옹 선사가 출가한 묘적암이 있고, 이웃에 김룡사가 있습니다.

제가 처음 갔을 때는 사불산에 사불 부처님이 조성된 바위에까지 올라 갈 수 있었으나 어느 해 가보니 길을 막아 놓아 멀리서 뵐 수밖에 없었습니다.

위 시는 제 두 번째 시집 '꽃을 보고 가시게'(2004년 발행)에 수록된 시입니다.

부처님 오신 날을 하루 앞두고 있습니다.

어느 해 석종사 혜국 큰스님께서 이 시를 인용해 초파일 법문을 하고 있어 당황했습니다.

늘 맑게 깨어 있는 도반님.

날마다 부처님 오심을 늘 오늘같이 기쁘게 맞으시고…

흰 고무신 신고…

흰 고무신 신고 48시간이 지나는 새벽.

나는 참 한심하게도 내 몸을 잘 모르니…

말하는 나, 먹고 있는 나, 그리워하는 나, 뱃속에 똥오줌 가득한 나, 그것을 배출하지 못하면 죽도록 고통스러운 나, 백신 주사 맞고 혹여라도… 하는 몸의 주체는 어디에 있는가?

그 모든 것이 생성의 파노라마. 우리 몸도 하루에 사계절이 다 있듯이 해야 할 일이 다 몸의 일인데, 이 막막한 몸이 뭔가?

온 인류가 속절없이 당한, 눈에도 손에도 잡히지 않는 코로나19가 뭔가?

몸의 노예가 얼마나 한심했는가?

코로나 이후의 생명에 대한 삶의 윤리가 사회적으로 많은 변화를 감수해야 하는 삶의 변화는 또 뭐란 말인가?

자연과 시간은 어떤 흔적을 남기지 않는 불생불멸의 공空.

이 기회는 '몸'이라는 나를 성찰해 보는 계기가 아닌가?

어릴 적 신장염을 앓고 그 후로 육십 년 가까이 아파 본 기억이 없는 몸에 백신을 맞고, 아주 오랜만에 근육이 좀 뻐근해하는 이 몸이라는 나를 생각해 보는 새벽.

그리고 보니 이제껏 살아오면서 얼마나 많은 사람들이 기억

속에 저 하늘 파랑새로 날아가서 그 누구도 돌아오지 않은 그곳이 얼마나 좋으면 아무도 돌아오지 않는가?

반드시 죽을 사람만 태어난다는 이 명제, 살아가는 고통과 행복을 여읜 세계.

새벽 문자를 보다 도서관에서 빌려온 책의 반환 문자를 읽으며 서로를 얽어 놓는 이 사회적 약속에 벗어나는 참 나는 어디에 있는가?

나를 잊고 바라보는 꽃이 피는 것은 얼마나 신비한가.

아무 일도 안 하고 잘 사는 것 같은 그 꽃 하나 피우는 일.

이 몸의 꽃은 얼마나 초라한가.

> 아무 일 안 하고도
> 잘 사는 것 같은
> 그 일
> 정오
> 이 땅에서
> 누군가에게
> 점심點心 한 그릇
> 발우를
> 정성으로 올리는
> 그 일
> 아무 일도 안 하고
> 잘 사는 거 같은
>
> — 시 '연꽃' 전문 —

사람이라는 몸 받고 온 인연으로 이제껏 이 몸을 망아지처럼 부려오다.

난데없이 코로나란 코뚜레에 처음 코를 뚫어 고삐 잡힌 송아지처럼 이제 이 몸 하나 순일하게 지켜가라는 치유의 마음을 몸속에 앉히라는 백신 아닌가

내 몸에 참 나는 어디에 있는가

찾아보라는 시간 아닌가

새벽 밤새 우리가 꿈속에 다녀온 곳,

어둠이 묻고 밝음이

답하지 않는가.

몸, 나

열무

　산행을 마치고 내려오는 산 어귀 비탈밭에서 할머니가 열무를 솎아내고 있습니다.
　군대를 제대하고 농사를 지으며 모내기를 할 무렵, 전라도 광주에서는 흉흉한 소문으로 난리가 났었다고 하던 그 여름.
　감자를 캐낸 빈 밭에 얼갈이로 속성 열무를 갈았습니다.
　열무가 실하게 잘 되어 이웃에 솎아 주기도 하다가 가까운 장날 열무를 솎아 팔기로 했습니다.
　밤샘작업으로 뽑은 열무를 경운기에 가득 싣고 흙먼지 풀풀 날리는 비포장도로를 덜컹거리며 갔습니다.
　뜨거운 초여름 한나절이 돼서야 팔기 시작한 열무는 밤새 쌓아둔 열무의 열기와 덜컹거리며 시달린 연하디 연한 열무는 서로 몸을 비벼 짓뭉개져 있었습니다.
　풋내기 농군이 열무 장사라고 나간 아들이 못 미더운 어머니가 뒤늦게 장에 오셔서 상한 열무를 보시더니
　"세상에 열무가 다 짓물렀구나. 이건 내가 알아서 할 테니 넌 저 국밥집에 가서 요기나 하고 있거라."
　국밥을 먹으며 밖을 내다보니 엄마는 그 열무를 평생 동안 다니셔서 단골이 된 점포와 얼굴 익은 장돌뱅이에게 신명 나게 나

눠주고 있었습니다.

티브이에서는 여의도 광장에서 하는 남북 이산가족 찾기로 며칠째

'누가 이 사람을 모르시나요'

노래 속에 강산도 눈물로 범벅이었습니다.

산행에서 얻어 온 열무를 다듬으며 어머니가 하시던 말씀을 화두로 받습니다.

"세상이 다 짓물렀구나!"

일본 호사이의 하이쿠 시 한 수

내 몸무게를 달아보니 *65킬로그램*,
내 먼지의 무게가 이만큼이라니

충주시 주덕읍 창전리 음버들 뒷동산.
그곳으로 오늘은 년 중 행사의 하나인 13代祖 할머니 밀양박씨 산소에 벌초하러 가는 날이다.
甲辰生이니 서력으로 1724년이다.
나와는 8대의 간극이 있는 세월로 298년 전 태어나셨다.
손이 귀하셔 근근이 대를 이어오다.
12대조 할아버지가 아들 4형제를 낳았고 그중 막내 할아버지가 나의 직계고 할아버지의 처가 되시는 할머니 산소다.
공교롭게도 친정에 갔다가 돌아가시니 을유년乙酉年 향년 41세였다.
시댁에서 오십 리나 떨어진 곳이니 친정 마을 뒷산을 사서 장지를 마련하고 위토를 사서 그곳 처가의 가까운 친척이 묘를 관리하며 가을에 시제를 지냈다.
내가 그 산소를 처음 찾은 것은 오십 년 전 고교 시절 가을 시제 때 문중 어른을 따라 걸어서 가보니 한나절 길이었다.

세월이 흘러 이제는 그 묘소를 관리하며 위토로 농사를 짓던 분도 돌아가시고 묘소가 묵을 처지라 내가 손수 관리하게 됐다.

삼 년 전에 문중 어른이 돌아가시며 그 산소를 파헤서 고향으로 모셔 오자 했으나 그 일도 내 몫이다.

굳이 삼백 년 전 정성스럽게 쓴 묘소를 파헤칠 일이 무엇 있겠는가?

그곳은 할머니가 나고 자란 곳이고 우연히 고향에서 생을 마감하시고 고향 동산에 묻혔으니 할머니의 뜻일 수도 있겠다는 생각이다.

비록 오랜 세월이 됐고 나 떠난 후 어차피 세월이 흘러 관리할 사람이 없어 묵게 되면 그 또한 동산에 자연스러운 일이라는 생각이다.

퇴계를 흠모했던 기녀 두향묘에 관한 일화가 생각난다.

충주댐이 건설되자 옥순봉 자락 강선대에 있는 두향묘가 물속에 수장되게 되었다.

퇴계 문중과 단양군에서는 두향묘를 수장되지 않게 이장을 하기로 했다.

그 묘는 두향이 병들어 죽을 때 유언으로 퇴계와 추억이 고스란히 남아 있는 강선대에 써 달라는 유언에 따라 쓰게 된 묘지였다.

이장을 앞둔 날 밤, 이장을 맡은 퇴계의 직계손과 단양군수가 똑같은 꿈을 꾸게 된다. 두 분의 꿈에 단아한 여인이 나타났다.

"나는 퇴계 선생을 흠모한 두향이다. 퇴계 선생과 생전에 옥순봉을 바라보며 놀던 강선대 이 자리가 좋으니 나를 옮기지 말라고."

 결국 고심 끝에 두향이를 상징하는 가묘를 수몰되지 않는 높은 산 중턱에 마련하고. 두향 묘는 그대로 충주댐에 수몰되고 말았다.

 450년 전 원결의 인연이 움직이고 있는 것이다.

 할머니 홀로 큰 동산을 차지하고 한 가운데 크게 쓴 묘지다.

 우리 문중에 출가하여 아들 한 분을 낳았으나 둘째 분에게 출계 시켰으니 당신은 신산한 세월이었을 듯하다.

 삼백 년 전 할머니의 육신은
'세월의 먼지 무게만큼'이나 남아 있을까?

인아人我 2

어젯밤 책을 보다가 조선시대 진묵대사 시 한 수에 꽂혀 그냥 정좌하고 새벽을 맞았습니다.

하늘은 이불, 땅은 요, 산은 베개,
달은 촛불, 구름은 병풍, 바다는 술독,
크게 취해 거연히 춤을 추고 싶어지는데
장삼 자락이 곤륜산(히말라야)에 걸릴까 걱정되네.

내가 읽어 본 시 중에도 아마 세계에서 가장 스케일이 큰 시가 아닐까 합니다.
부여 무량사 우화궁雨花宮 누각에 걸린 주련이라고 합니다.
삼년 전 부여 궁남지 연꽃 축제에 갔다가 무량사에 갔었습니다.
무량사에서 생을 마감한 매월당 김시습에 빠져 이 시를 놓치고 왔습니다.
다시 무량사로 길을 떠나고 싶습니다.
그때 무량사에 갔을 때 쓴 저의 졸시입니다.

충남 부여군 외산면 만수산 무량사無量寺

무량無量의 바람에 앉아
소서에 겨우 입을 뗀 매미들 낮은 노래 듣네
몸이 집일까, 집이 몸일까?
뜨락에 모란이 꽃을 여의고 무상하다
매월당 김시습
오세 신동으로 나라의 동량이었으나
생육신으로 세상에 몸을 숨긴 이곳에서
초상화 속 탈속함으로 마주하는 눈에 잡혀서
나는 뜨락에 늙은 느티나무 무릎에 앉았다
집의 무덤은 집의 자리
나무의 무덤은 나무자리
나와 매미는 돌아갈 무덤 자리를 모르네
달은 해에 숨고 해는 달에 숨고
바람은 또 어디서 일어 어디로 가는가
그대 덧없는 몸
무량無量의 집 끌고 가지 않는가

- 시 '집, 무량사에서' 전문

    오백 년 전 한 선사가 남긴 시 한 수가 존재하는 의미를 곰삭혀 봅니다.
    칠석이 다가오니 밤하늘을 자주 우러러 보며 그리운 사람 이름도 써보고 만나지 못한 사람들을 상상하는 즐거움도 곱씹어 봅니다.

스스로 견우도 되고 직녀도 되는 거죠.

요사이 제 입에서 자주 흥얼거리는 노래로 팔십 년 전에 백난아가 부른 '직녀성' 노래가 있습니다.

삼 절로 된 노래 중 2절 가사는 이렇습니다.

오작교 허물어진 두 쪽 하늘에
절개로 얽어 놓은 견우 직녀성
기러기 편지 주어 소식을 주마기에
열 밤을 낮 삼아 써 놓은 글발이여.

저같이 시답잖은 시인은 쓸 수 없는 절창의 가사고 이 노래를 자주 흥얼대고 부르니 칠석이 다가오고 있습니다.

연꽃이 있어 연못인 이름이 무색하게 연꽃이 자취를 감추어 가며 내년을 기약하고 있습니다.

내게 있어 모든 이는 연꽃 만나러 가는 맘같이 설레는 견우요, 직녀의 향기로 깊습니다.

산을 베개 삼고, 바다를 술독쯤으로 여기는 기개가 있던 선인들이 그리운 때 읽던 책을 덮고 호암지로 산책을 나갑니다.

흙밥

맑은 가을볕에 나와 들녘을 바라보며
골목에 나와 우두커니 앉아 계신
100세의 아버지 친구
간호 도우미로 처음 찾아 온 여인이
귀에 대고 묻습니다.
"할아버지, 올해 연세가 어떻게 되세요?"
"으응, 이제, 빨리 흙밥이 돼야 할긴데 원…."
"흙밥이요?"
"흙은 뭐 먹고 살라고…"

- 시 '흙밥' 전문

어젯밤 늦은 시간에 고향 아우의 친구 전화를 받았다.
장인이 위독하셔 병원에 실려 갔다는 전언이다.
친구가 떠난 지 십몇 년 전 겨울이고 어머니도 떠나고…
가끔 딸들이 찾아오고, 다행히 전화를 준 사위가 아들처럼 지극정성으로 모셨다.
친구 아버지는 일제 징용에 끌려가 고생한 얘기를 수없이 하셨다.

한 시대의 유물처럼. 내가 경험하지 못한 일제강점기를 실루엣처럼 아련케 하셨다.

원폭을 맞은 2세대의 후유증이 아닐까 싶은 생각이 든다.

내 친구도 그 튼튼한 친구가 전혀 원인을 알 수 없는 희귀병으로 떠났고. 막내 동생도 원인을 알 수 없는 장애인이다.

이웃에 함께 강제 징용을 다녀온 친구의 자제도 같은 장애인이 태어났으니 막연하나마 그런 생각이다.

친구 아버지는 덩치가 커서 매사에 좀 굼뜨셨다.

소나기가 들어와 모두들 황급히 비를 피해 뛰어갈 때도

"왜 쫓아가서 앞에 오는 비를 맞느냐?"

하시던 분이다.

태풍이 포항 쪽을 지나고 있다는 소식이다.

전혀 농사에 도움이 되지 않는 비 소식이다.

살아가는 일이 덧없이 무상함을 계절의 모퉁이인 요즘 자주 하늘을 올려다본다.

나 살아 있을 때 친구의 아버지가 마지막 가시는 길을 모실 수 있음을 위안 삼는다.

태풍의 변방인 새벽어둠 속에 고요하다.

계란

어제저녁 백신 맞고 계란을 반 줄을 사들고 왔습니다.
일찌감치 집에 돌아가 몇 달 만에 라면에 계란을 넣고 라면 특유의 국물맛이 입을 살갑게 한 생각이었다.
계란을 살 때는 요즘 도통 내 몸을 위해 뭔가를 하지 않으니 단백질로 단순한 생각이었다.
헌데 지금 깨어나 문득, 라면은 분명 끓여 먹었는데 계란 넣는 것을 잊고 라면만 끓였구나!
새벽에 '능엄경'을 펼치고 있는데 왜 갑자기 그 계란 생각이 날까.
꿈속에 장난같이 어제 한 현상을 깨어서도 아직 내가 놓지 못하고 있었구나.
'범소유상은 개시허망' 하나니 금강경의 명구를 몰록 놓고 있었구나.
깨어 있으되 우리가 머무는 우주가 항상 위태롭게 굴러가는 계란이란 것을 잊고 있었구나.
한 때 계란도 한 생명이구나 하는 잠재의식이 있어 몇 년을 잊고 있다가 '무정란'이란 한 생각에 머뭇거렸다.
무정란도 누가 만든 것인가.

결국 인간의 영악한 결과가 아닌가.
무정란을 낳는 닭은 일생 기계처럼 알만 생산하다 가는데…
세상에 인간을 위해서 온 생명은 결코 있을 수 없는데…
자연계에서 보면 우주의 가장 큰 재앙이 사람이 태어남이다.
사람이 살아가며 이룩한 업적이란 게 멀쩡한 지구별에 끝없이 혹만 붙이는 일 아닌가?
새벽에 깨어서 그냥 앉아 있으니 어느 선사의 죽비처럼
"공부하다 죽어버려라."
2차 백신을 맞고 습관처럼 앉은 새벽.
1차 때 느낄 수 없었던 통증이 백신 맞은 팔이 조금 뻐근하다.
코로나로 인해 전 인류가 끝을 알 수 없는 고통이니 사람으로 인한 재앙 업業 아닌가.
닭에게 하나뿐인 생명을 무정란으로 태어나게 하는 대가 아닌가.
라면 한 끼의 저녁을 생각하다 저 냉장고 안 계란에 언제 다시 손을 내밀까.
문득 25년 전 조병화 시인의 추천을 받아 문단에 나올 때 그때 추천 작품 시도 '라면에 계란을 넣으며'였다

    요게
    무슨 희망처럼
    둥글게 둥글게 태어나
    개나리 울타리 숲을 잃고
    냉장고 안 인공의 집에서

무슨 순서를 기다리다

이윽고 따스한 내 손에

안기는 절정絶頂

탁!

끓는 물에 흩어져

수천

수만

개나리 꽃잎으로

떠 있는

오후

- 시 '라면에 계란을 넣으며' 전문

구월이다.

일 년 동안 몸을 가꾼 식물들이 성장을 멈추고 땅에 떨어진 씨앗도 발아를 하지 않는다.

때를 알고 돌아가는 자연의 섭리다.

오늘 문경 봉암사에서는 눈 밝은 선 수좌 스님 은암당 고우 스님의 다비장이 있다.

지난해 봉암사에서 홀연 떠난 수좌 적명 스님에 이어 참선 지식이 떠나감에 상실감이 크다.

끝을 알 수 없는 공부를 하다 가신 분들의 참모습이 눈에 선연하다.

지난해 봄 그 봉암사 소나무 숲에서 소나무 수간 주사를 놓으며 뭔가 모르는 환희심이 일었다. 그 숲에 소나무와 봉암사에서 공부하는 눈 밝은 수좌 스님들과 한 순간을 공유하고 있는 나를, 백 년이 넘었을 덩치 큰 소나무에 주사를 놓으며 참 나를 생각하고 있었다.

내가 아팠다.

"공부하다 죽어버려라."

구월은 그렇게 공부의 끝을 준비하는

또 다른 가을의 시작이다.

추분秋分에 들다

　　사실은 가장 몸이 무거워지는 때에 낮은 곳으로 향하고 있는 것이다.
　　갈수록 겸손하게 고개 숙이는 벼들이 그러하고 돌아갈 하늘을 낮게 나는 제비가 그러하고,
　　보고 듣는가!
　　코스모스 하늘 하늘
　　나도 잡을 수 없는 바람도 무겁다.
　　추분에 들어 가볍게 흔들리지 않으려 했다는 걸.
　　청록이 빛바래 가는 서녘
　　청산에 이마를 대고
　　그대를 그리워한다는 걸
　　일생 그러하다는 걸
　　추분에는 입에서 나오는 말조차 아침 이슬에 젖어 날개를 펴지 못하는
　　잠자리 날개처럼 무겁다는 걸…

　　세상과 단절된 토굴에 들어와 꼭 해야 할 작품집 마감하고 이제 유주귀가有酒歸家합니다.

파란 하늘만 보며 이십 일 거의 묵언默言 정진하며 나를 챙겨 되돌아보는 시간이었습니다.
　사람에게는 생로병사生老病死가 있고 자연에게는 춘하추동春夏秋冬이 있습니다.
　참으로 공평한 일입니다.
　천지여아동근天地與我同根이고
　(천지는 더불어 나와 한 뿌리이고)
　만물여아일체萬物與我一體
　(만물은 더불어 나와 한 몸입니다.)
　또 한동안 이곳이 그립겠지요.
　타박타박 신작로 길 코스모스가 해맑고 선한 얼굴로 맞아주고, 하늘도 저렇게 깨어져 내릴 듯 눈물겹게 푸릅니다.
　내가 아는 모든 사람의 모습이 저 파란 하늘 스크린에 겹쳐집니다.
　가을의 결과를 긍정해야 하는 마음 들녘…
　겸손함이 방아깨비 같아야 하겠노라고
　돌아갑니다.
　有酒歸家라
　술이 있는 집으로
　세상으로…

은행나무

늦가을 비가 요란하게 내리고 있다.

도로에는 밤새 떨어진 낙엽이 바람에 무리 지어 어지러이 뒹군다.

이맘때 길을 나서면 조신해지는 노인네 걸음이다.

차마 길에 누운 그대 낙엽의 몸을 함부로 밟고 가기가 주춤하여 그럴 수 없는 발걸음이 자주 엉킨다.

저 낙엽들이 우리들 머리 위에서 이른 봄 촉을 내밀어 스스로 몸을 키워 반짝반짝 우리들에게 여린 몸으로 매일 격려의 박수쳐 주시던 몸 아니신가.

단풍이 들기 시작하면 사람들은 환호하지만 저들은 병색이 완연한 주검의 길목에서 생의 마지막 빛을 우리에게 보여주는 장엄한 이별, 주검의 준비 아니었든가.

그들이 한 생을 머물며 비와 바람과 뜨거운 태양과 위태롭게 공존하다 모든 영광을 뒤로하고 본래의 곳 나무의 뿌리로 돌아가고 있다.

낙엽의 몸이 과거와 현재와 미래의 몸 중 어디쯤에 몸일까?

낙엽 하나를 주어 들고 생각해 본다.

그들이 떠나간 나무에는 텅 빈 하늘에 잎새에 가리어졌던 낮달도 가끔 휑한 나뭇가지에 걸려 있을게다.

우주의 시간으로 볼 때 나무와 잎새의 구분이 의미가 있을까.

태양빛이 지구에 도달하기까지 8분, 가까운 별빛은 4년이라 하고 은하계의 빛이 지구까지 걸리는 시간은 수억 년이라 하니 지금 나무에서 떨어져 나온 잎새는 어느 시점이 과거와 현재일까.

초등학교 시절 가을이면 은행잎을 갖고 와서 자랑하던 친구가 부러웠다.

한 번은 학교를 끝내고 그 친구의 마을에 따라갔었다.

나는 친구네 마을 입구에 있는 은행나무의 크기에 놀랐고. 무수히 떨어져 쌓인 노란 은행잎에 한동안 멍하게 바라보았던 기억이 생생하다.

어느 때부터인가 가로수 삼 세대로(일 세대 미루나무. 이 세대 플라타너스나무) 많이 심겨 있어 은행나무를 흔하게 볼 수 있게 됐다.

가을이 깊어 단풍이 깊은 은행나무 가로수 명소를 몇 곳을 찾아간다.

경북 영주 부석사와 부석사 가는 길에 은행나무 가로수길. 고향길 가는 음성에서 소이면 한내에 이르는 삼십 리 길 은행나무 가로수도 고향 길에 가슴 설레게 한다.

충주시내에도 가로수로 자리한 은행나무는 가지치기를 하여 모두 비슷한 선형으로 구름모양이다.

단정하기는 하나 나무의 생동하는 의지가 꺾여버린 아쉬움이다.

은행나무는 장소만 잘 만나면 큰 나무로 자랄 수 있다.

저 은행나무는 성장이 거세된 비참함을 일생 감내하며 살아야 할 운명이다.

도서관에서 창밖에 은행잎이 지는 광경을 무심히 바라보고 있다.

은행잎은 허공에 유연한 낙엽의 춤사위로 지상에 내려오는 것이 아니라 무자비하게 은행잎은 쏟아져 내리고 있다. 가히 충격적이다.

불과 한 나절 만에 은행나무는 천둥벌거숭이로 변해 있다.

그리고 저렇게 아무 일 없었다는 듯 태연한 모습의 은행나무가 경이롭다.

그렇다! 때가 되면 오고, 때가 되면 한 점 미련 없이 떠나는 탈속함이다.

은행나무는 저런 삶의 유전자 의지가 있어 수백 년 거목이 되어 노거수老巨樹로 당당하게 살아가는 것이 아닐까 생각이 든다.

꽃을 사들고

친구들이 모두 나보다 훌륭하게 보이는 날
이 날은 꽃을 사들고 집으로 돌아와 아내하고 노닌다.

백 년 전 일본의 시인 이시카와 다쿠보쿠의 짧은 시입니다.
한국의 김소월만큼이나 유명한 시인이었으나 불과 28세의 나이로 요절했습니다.
요즘같이 어정쩡한 겨울과 봄 사이 날은 어쩌면 실업의 날처럼 시인을 닮은 듯합니다.
슬픔에 잘 반하는 것이 시인의 생리입니다.
한겨울을 지나면서 즐겁고 고운 편린들을 모두 사람에게 내어주어 스스로 소진되어 이파리 하나 달고 있지 않은 먼 산 참나무.
아득한 실루엣으로 어느 때부터 귀에 익숙한 미세먼지 속에 어슴푸레한 일상입니다.
리얼리즘 앞에서 낭만주의는 철없어 보이는 겨울, 그래도 '시처럼 살고 싶다'며 가벼운 2월의 달력을 뜯어내는 손은 가볍습니다.
어느새 우리가 뒤켠에 나앉아 만나는 그저 그 사람, 일상의 무료함.

그 사람을 만나 마음 헤프게 하늘과 땅 차이의 삶을 살아온 귀향의 친구를 만나 무용담 같은 이야기를 술잔 속에 섞습니다.

이제는 대개가 아는 사람들이 같이 늙어 가며 희끗한 머리와 주름으로 만나는 대낮.

2월이나 사람이나 그들 일생에 주머니 없을 시나, 먼지 속 같은 봄날.

매일 눈 뜨면 달력에 표시한 가정사나 헤아리는 청첩이, 그날이라야 잠시 존재감을 드러내니 무슨 새 세상의 초대장 같습니다.

위에 인용한 짧은 시를 위안 삼아 그렇게 오늘도 하루는 갈 것입니다.

어젯밤 은하를 홀로 건너던 달이 미처 건너지 못해 낮달이 빛죽어 있는 창공, 시간의 무게를 지워버린 낮달처럼 나도 우두망찰 합니다.

이월 낙엽처럼 스산하지만 그래도 붙잡고 있는 마음. 의심 없는 공부는 어디까지일까?

나라는 놈의 자기를 오늘도 이놈아! 하고 앉은 이 새벽.

부처님이 깨달은 세계의 자기 몸을 불신佛身이라 하면, 나의 이 몸은 무엇인가?

좋다 나쁘다 나고 죽고 하는 나를 어디서 찾을까?

삶이란 무엇일까?

이 뭣 고!

물음도 결국은 그때 생각과 지식일 뿐 아닌가.

내가 아침을 먹었나 안 먹었나는 나만 아는 일.

범부의 삶은 쟁취하는 일, 싸우는 일.

그걸 일없이 바라보기만 하는 결과물이 그 생각이 쌓인 끝자리가 창작으로 '詩'가 앉은 자리 아닐까.

그런 시 한 편 쓴 날.

꽃을 사들고 아내와 논다는

그 시인은 세상 밖의 사람 아니었을까.

이미 받은 이 몸은 어쩔 거나.

올해도 어김없이 돌아온

부처님 출가재일(음 2월 8일)과 열반재일(음 2월 15일)이 있는 일주일.

작년에 받은 숙제를 풀지 못하고 맞이하는 봄날.

앞서거니 뒤서거니 이제 돌아올 꽃들에게 부끄럽다.

이맘때 피는 꽃은 자기 몸을 키우지 않고도 자기는 자기일 뿐이라는 걸 보여주는 경이롭게 낮게 핀 '까치꽃'에게 몸을 낮추어 무릎 꿇고 귀를 열어본다.

    어디선가 쫓겨 와
    햇살 맑은 낮은 언덕에
    남몰래 한 살림 차리신 듯
    겨울을 털고 나선 들녘
    첫 나들이에 눈길 잡는
    '꽃' 앞에 기다림이 슬프다
    가슴에 언제나 살아 있는
    숨은 사랑

겨울 삼동 이제나 그제나
가슴 졸인 그 소식
행여 그대 아실까?
두근 두근…
까치꽃 보라 입술에
귀 열고
주소를 물어 보네.

- 시 '까치꽃' 초고

환가여손 患家餘孫

짧은 나들이에 챙겨 온 창비 2016 봄 호에서 황석영의 단편소설 '만각 스님'을 읽었다. 오랜만에 읽어보는 황석영의 소설이다.

그 소설 속에 나오는 '환가여손患家餘孫'의 사자성어가 가슴에 폭 저민다.

'환난을 겪은 집안의 남은 후손'이란 뜻이다.

박근혜 전 대통령.

국민이 선택한 최초의 여성 대통령,

하여, 우리는 얼마나 놀라고 절망했는가.

촛불 민심은 국민이 깨어 있어야 한다는 들불이 되었다.

지금 평창올림픽 폐회식 저 자리에 그녀가 있어야 할 시간이고, 오늘이 대통령 임기를 마치고 청와대를 나서는 날 아닌가. 가끔 듣는 그녀의 소식이 안타깝고 애석한 일이다.

그를 대통령으로 선택한 국민의 염원과는 정반대로 작금의 현실, 옥살이라니…권력의 무상함.

'환가여손'의 그녀.

경주 최 부자가 사회에 환원한 큰돈으로 설립한 영남대학교의 후신 육영재단.

부산의 부일장학회를 찬탈하여 만든 정수장학회.

이병철 손자 이재용, 박정희의 딸 박근혜, 최태민의 딸 최순실.

잘못된 인연으로 업의 과보가 이렇게 역사의 물꼬를 빠르게 예비했는지 등골이 오싹하다.

북한에서 평창올림픽에 김일성 손녀 김여정이 내려오고,

모처럼 꽉 막힌 한반도 동토의 겨울.

우수 경칩에는 대동강 물도 풀린다는데 우리 앞에 통일의 물꼬도 흐르려나.

평창올림픽의 구호처럼 '하나 된 열정'

평화 올림픽은 어떤 역사의 흐름을 예비하고 있을까.

평창 올림픽 폐막식을 보며 참으로 가슴 서늘한 역사의 진실 '환가여손'의 뜻을 새겨 본다.

망령 같은 일상

제가 코로나 이후 망령 같은 일상이 되어 옛날의 환경에 쓴 글을 읽으며 침몰된 일상을 회개합니다.
8월 15일까지 백일이 되도록 술을 끊었고…
오늘은 충주 석종사에 가서 기도하고,
하루 2만 5천 보를 무조건 걸으며…
천수경, 금강경, 광명진언, 지장경 독송으로 시작하고
하루 일과 끝내고 있습니다.
이렇게 견디어 하루하루에 저를 제가 바라보며 길 위에 제가 걷고 있습니다.
세 시간 무렵 정도.
오늘 사월 초파일 한 달에 네 번
초하루.
여드레 약사재일.
열여드레 지장재일
스무나흘 관음재일
항상 방생합니다.
오늘 일찍 방생하고
석종사 혜국 큰스님과

몇 마디…

"출보지 준제보살이 육자대명 하는가?"

"네 번뇌는 다 끊으오리다.

어떻게 부처님께 귀의합니까?"

"오늘도 코로나는 어디에 가고 있을까 푸른 하늘 봅니다."

"……"

앞개울 너울에는 잉어는 물거품에 놀고 미꾸라지는 질은 땅에 몸을 숨깁니다.